JN097810

千田嘉博と春風亭昇太が攻める

最強の山城!

関東編

千田嘉博
春風亭昇太

PHP

はじめに

今は山城が人気！

千田（以後、千） 本書は、師匠との念願の共著となります！ 関東[※]にある二二の城を取り上げ、一つ一つの城を歩き尽くし、語り尽くそうという企画です。

春風亭（以後、春） 先生との城歩きは楽しかったですねぇ！ 二人の視点で各城の見どころを徹底的に語っていますので、初心者から城好きまで誰でも楽しめる一冊となっています。

千 江戸城（132頁）や小田原城（60頁）といった有名な城から、滝山城（20頁）・山中城（50頁）・杉山城（98頁）などの山城まで取り上げている点も本書の特徴です。近年のお城ブームのなか、山城の注目度がとても高くなりましたね。

春 そうですね。十年ぐらい前までは山城に行っても誰にも会うことはなかったですし、城歩き自体が五十歳以上の渋い男性の趣味だと思

※一部静岡県、山梨県の城も掲載しています。

われていましたが、今は若い人や家族連れともよくすれ違うようになりました。最近は城跡で声をかけていただいて、その場で城談義に花を咲かせることも少なくありません。

千　城好きには四つの過程があると考えています。まず、天守などの建物を見に行くのが一段階目。すると「石垣もすごいな」と、建物と石垣の組み合わせに注目するようになる、これが二段階目。三段階目は、「建物なんてなくても、石垣だけでも面白いじゃないか」と、城の造りや構造に目を向け始める。そして四段階目で、「石垣がなくても、城の凸凹が面白い」ということで、山城に足を運ぶようになります。

春　つまり、城の「縄張り」（曲輪や堀など主に城の土木工事でできた部分の配置）に興味が向くということですよね。城は「城主を守り抜く」ために築かれたものなので、城を好きになればなるほど、その構造、土木技術に注目するようになるのは必然でしょう。

千　山城は構造がよく残っているので、城を好きになるほど、山城を目指すようになるわけです。その魅力にはまってしまうと、師匠のように戻ってこれなくなっちゃいますが……。

山城《やまじろ》
山の地形を利用して造られた城。天守などの建物を伴わない、土からなる防御施設。南北朝時代に誕生し、戦国時代の乱世により発達。近世（安土・桃山時代）以前の城郭の多くが山城であったが、安土・桃山以降、石垣技術の急速な発達などにより山城は減少し、江戸時代の大名居城のほとんどは平城《ひらじろ》（平地に築かれた城）になっていった。なお本書では、土造りの城や中世の城の総称として「山城」という言葉を用いている場合がある。

春　いやいや、城の〝沼〟にはまって戻れないのは、先生もいっしょじゃないですか！（笑）

関東の戦国時代は難しい!?

千　さて、本書では師匠と二人、関東の城をたくさんめぐりました。関東の城は技巧的な城が多いですよね。

春　「どう敵を撃退するか」ということを突きつめて考え、縄張りに工夫を凝らしたテクニカルな城が多いですね！　関東は争乱の時代が長かったから、城の技術も発達したと思うのですが、いかがでしょうか？

千　まったく同意見です！　関東では十五世紀半ばに起こった享徳の乱に始まり、豊臣秀吉が北条氏を滅ぼすまで、およそ百五十年間にわたって戦乱の世が続きました。その間には、関東管領を務めた上杉氏同士の争いがあり、次に北条氏が進出してきて関東を治め、そこに上杉謙信や武田信玄が攻めてくるという、「もう休むヒマがないよ〜」って嘆きたいほど、乱世が長く続きました。

春　そう、関東の戦国時代って、複雑怪奇ですよね。親兄弟や一族同

北条氏

一五〇〇年頃、伊勢宗瑞《そうずい》（北条早雲《そううん》）が小田原に進出。以後、北条氏が、五代、約百年にわたって、関東での勢力を拡大。

【北条氏略系図】

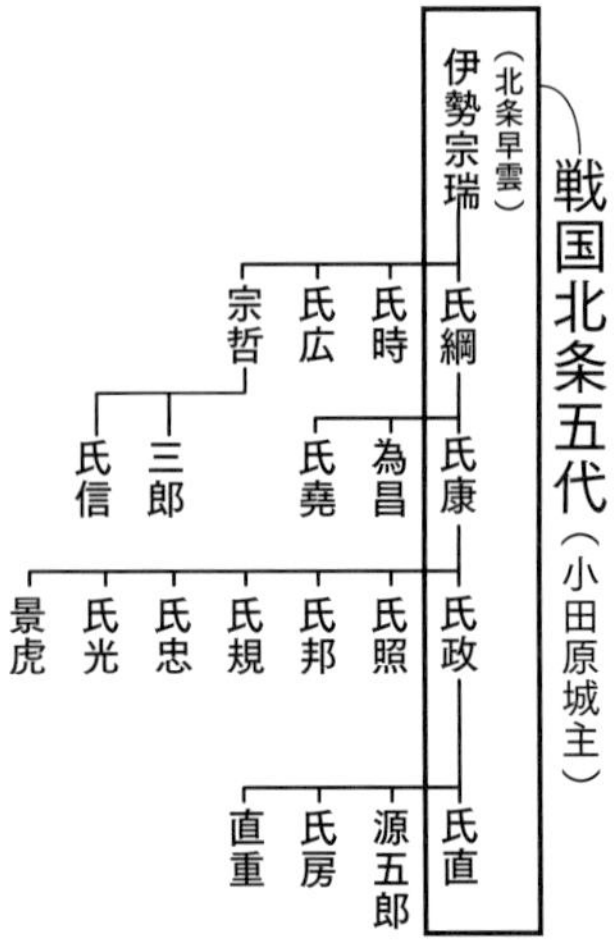

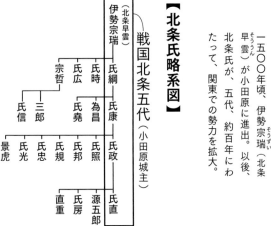

土で争いますし、すぐに裏切って相手側につくので、「今、誰と誰が戦っているんだっけ？」とわからなくなることも多いです。

千　だからこそ、自分の身を守るためにも、築城技術がどんどん発達したのでしょうね。

春　本書では、第1章で北条氏の城を取り上げています。北条氏が関東を支配していた時代は長く、それだけ北条氏の城もたくさん残っているのですが、北条氏に抵抗した勢力も少なくない。そうした小さな勢力も独自の城を築いていたことが、関東の城のバリエーションの豊富さや、個性の強さに繋がっています。

千　中学校や高校の授業で習う日本史はどうしても西の京都が中心になるので、中世における関東の歴史はあまりなじみがありませんよね。でも、関東の歴史は京都中心の日本史とはどこか独立しているところがあって、非常に興味深く面白いものです。個性豊かな城を通して、関東の戦国時代にも興味を持っていただきたいです！

関東に土の城が多い理由とは？

春　関東では土造りの城が実によく残されています。関西は石垣の城、

北条氏と争った主な戦国大名

戦国時代、関東一円を支配した北条氏。北条と領土を争った主な大名とは。

上杉謙信　1530-1578

長尾景虎。山内上杉憲政から譲られて関東管領となり、上杉氏の名跡を継承した。国内の統一に努めつつ、周囲の諸大名と大規模な戦闘を展開。北条氏と関東支配の正統性をめぐる戦いを繰り広げるも、武田氏と連携した北条氏側を破れず、関東支配は頓挫した。その間、北条氏康を小田原に攻める（北条が初めて本城への攻撃を許すこと に）。武田信玄との川中島の戦いなどを経て織田信長と対立したが、道半ばで病死。

関東は土造りの城という印象が強いですよね。

千　一般に、城の歴史は土造りの城から石造りの城へと発展したと考えられています。それ以前の城でも石積みは用いられているのですが、城全体の壁面を石垣化するような総石垣の城は、織田信長が勢力を拡大し、豊臣秀吉が天下統一をする過程で、主に西日本で広がっていきました。従来の城郭研究では「だから西日本の城のほうが優れていて、関東や東日本の城は遅れていた」と捉えられていたのですが、本書で師匠とも語り合ったように、関東ならではの特徴や個性を持つ城も多くて、関東の城が劣っていたとはいえません。本書を読んでいただくと、城の歴史は土造りから石造りへと単純に発展したわけではないことがわかっていただけると思います。

春　本書で取り上げた唐沢山城（122頁）や箕輪城（115頁）などは秀吉時代に大改修されていますけど、全面を石垣の城にしているわけではなく、土造りの部分と石垣の部分をうまく使い分けていますよね。関東平野に広がる関東ローム層（火山灰などが堆積して粘土化した地質）が城造りにとても適していたので、当時の人は石垣を用いる必要性を感じていなかったのでしょう。

武田信玄　1521-1573

甲斐の守護となり、信濃一円を制し、上杉謙信と対立、数度に及び川中島で合戦。北条氏と同盟を結ぶも、のち解消し抗争が激化。小田原城攻撃の機会をうかがうも退陣。北条氏と再び同盟を結ぶ。西上作戦により三《み》方ヶ原《かたがはら》で徳川家康を破り、三河に入ったが、陣中で病死。

佐竹氏

常陸《ひたち》、下野《しもつけ》、陸奥《むつ》に及ぶ北関東最大の大名として北条氏と争った。

里見氏

海賊衆を従え江戸湾の制覇を目指して北条らと渡り合った。『南総里見八犬伝』に登場する里見氏のモデル。

千　「城の素材」という視点はとても大切です。石垣の城が普及した要因に、土造りよりも石造りのほうが、一度築いてしまえば日頃のメンテナンスは軽微だったということが挙げられます。また、天守などの巨大建造物を建てるときに、石垣でないと荷重に耐えられないというのも、石造りが普及した理由の一つです。ただし、総石垣にするには素材となる石材が必要であり、関東では比較的採れにくかった。それに加えて、関東ローム層という土質が城造りに適しており、メリットが大きかったことが、土造りの城が残った理由なのでしょう。

春　徳川将軍の住む江戸城（132頁）でも、千鳥ヶ淵や桜田濠などの広い範囲で、土塁を残していますよね。石造りにできるのに、あえてそうしていない。僕はそこに、関東人の矜恃《きょうじ》のようなものを感じますし、関東の城とはなんぞやということを物語っているように思います。

「攻め手」の視点、「守り手」の視点

千　本書では、「城を攻める」という視点を重視して師匠と城歩きをしています。カバーのイラストでは千田が甲冑を着こんだ武将なのに対して、師匠は足軽姿なので、たいへん申し訳ないのですが……。

真田氏

甲斐の武田信玄・勝頼に仕えたが、長篠の戦いで、真田信綱・昌輝が討ち死に。家督を継いだ真田昌幸は、武田氏滅亡後も北条、徳川、上杉らの勢力の間をぬって信濃国《しなののくに》小県《ちいさがた》・上野国《こうずけのくに》沼田の領地を確保した。

豊臣秀吉　1537-1598

織田信長に仕え、重用されて長浜城主に。本能寺の変後、明智光秀、柴田勝家を倒し、信長の後継者としての地位を獲得。四国攻め・九州攻めを行い、1590年には小田原北条氏を滅ぼして天下統一を完成。近世封建社会の基礎を確立。

春　千田軍の斬り込み隊長として、どんな堅固な城でも先駆けをしますよ！（笑）僕は実際に城を訪れた際にも、足軽になったつもりで、この城をどう攻めようかと妄想しながら歩いています。「本丸はどっちだ⁉」とか、「まずい、この出入り口に踏み込んだら蜂の巣になる！」とか。もう本丸にたどり着く頃には、何度戦死しているかわからないほど（笑）。「どう攻めるか」「どう守るか」を考えるのが、城歩きの面白さですよね！

千　おっしゃる通りで、「どう守られているのか」に目を向けることは、城歩きでまず最初に意識したいことです。そして、城の構造（縄張り）や防御施設を知るためにも、城歩きでは「縄張り図」が大切になります。

春　でも、「縄張り図は難しい」という声もよく聞きますよね。実は僕も初めは戸惑ったけど、何度か縄張り図を持って山城に行ったところ、感覚的に読めるようになりました。

千　城という三次元のものを二次元の図面にしているので、そこにわかりにくさがあるのですが、現地で遺構を前にして、「図面ではこう描かれているのかぁ」と見比べながら歩いてみるのが、縄張り図を読

縄張り図
城跡の平面図。ケバと呼ばれる短い（////）で、人工的な斜面を表現する。

めるようになる最短の道です。

春　縄張り図を読めるようになることは、自転車の乗り方を覚えることに似ているなと僕は思っています。初めは何度か練習が必要ですが、一度乗り方を覚えたら、体が忘れることはない。縄張り図もいっしょで、感覚的に理解できるようになれば、もうこっちのものです！　それに、せっかく苦労して山に登ったのに、見落としがあったらくやしいじゃないですか。縄張り図を読めるようになれば、遺構の見落とし防止にも繋がります。紙一枚なので、荷物にもならないですし。

千　その点でも、たくさんの図面を掲載している本書はオススメですね！　その上、我々二人がガイドをしていますので、一冊で何度も美味しい本になっています。

春　それでは、千田先生と僕で関東の城を徹底的に案内しますので、城歩きを存分に楽しんでください！

もくじ

第2章
各領主らの攻防　やっぱり巧みな〝縄張り〟

この城も、ここがすごい！

［初出誌］
滝山城、八王子城、深大寺城、勝沼城、江戸城、品川台場は月刊「東京人」（都市出版）２０１１年８月号〜２０１２年１月号連載。
その他はいずれも語り下ろし

［統一表記について］
城の防御した平場には、曲輪、郭、丸などの表現がありますが、本書では「曲輪」で統一をしました。

装丁・本文デザイン――わたなべひろこ
表紙・扉絵――伊野孝行
帯写真――中里和人
DTP・縄張り作成――システムタンク（野中　賢）
構成――かみゆ歴史編集部
（滝沢弘康、小関裕香子）
編集担当――日岡和美

関東戦国史の覇者・北条氏の豆知識

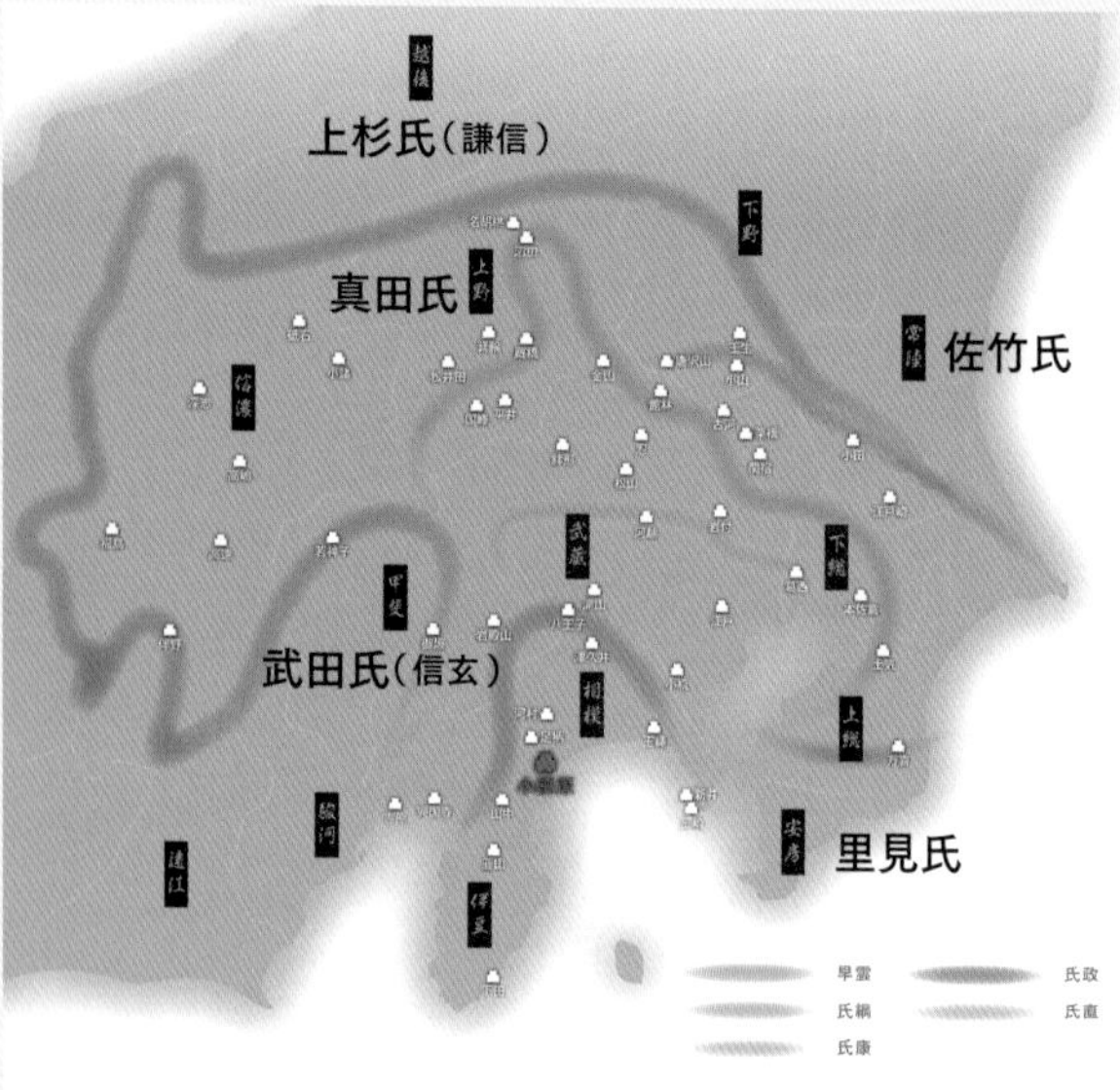

（小田原城天守閣特別展『小田原北条氏の絆』図録より転載、一部編集部作図）

［北条氏支配領域］

1500年頃、伊勢宗瑞（北条早雲）が小田原に進出。以後、北条氏が5代、約100年にわたって、関東での勢力を拡大しました。

小田原城を拠点として、関東支配が進むにつれ、各地に支城を構築しました。

（洋泉社『関東戦国150年史』を参考に、電子地形図／国土地理院 を加工して作成）

北条氏は、西から忍び寄る豊臣秀吉の来攻に備えて、小田原城と城下を含む総延長9㎞におよぶ惣構《そうがまえ》を構築。しかし1590（天正18）年、石垣山城の築城をはじめとする豊臣秀吉の小田原攻めにより、約100日間の籠城戦ののち、滅亡。関東の戦国時代は終焉を迎えました。

山城ウォッチのキーポイント

堀・土塁・出入り口・石垣をチェックしましょう

（撮影・中里和人）

山城の特殊な出入り口

各所出入り口を虎口《こぐち》と呼ぶことがある。また、鉤《かぎ》の手型の出入り口である枡形《ますがた》や、堀の中の島のように見える空間を設けた馬出《うまだ》しなど、敵の侵入を防ぐための工夫が凝らされた

角馬出《かくうまだ》し

「馬出し」は、攻城兵の集中を防ぎ、城内からの出撃を容易にした施設。「角馬出し」は、北条氏が多用した。入口前の広場を土塁と堀で囲み、目隠しにして攻撃

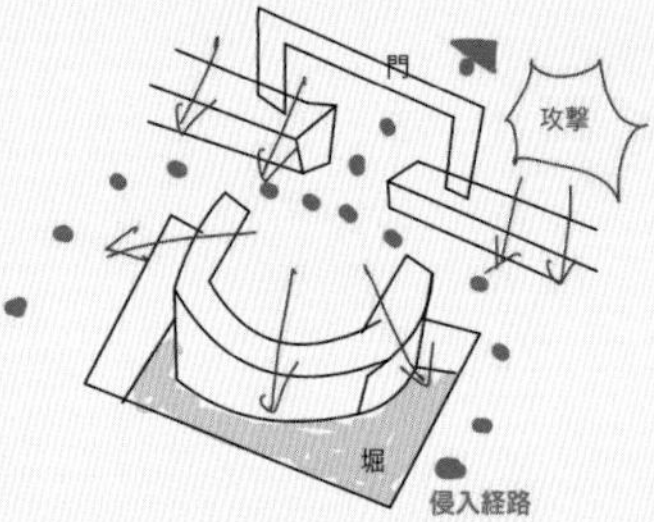

山城遺構の名称

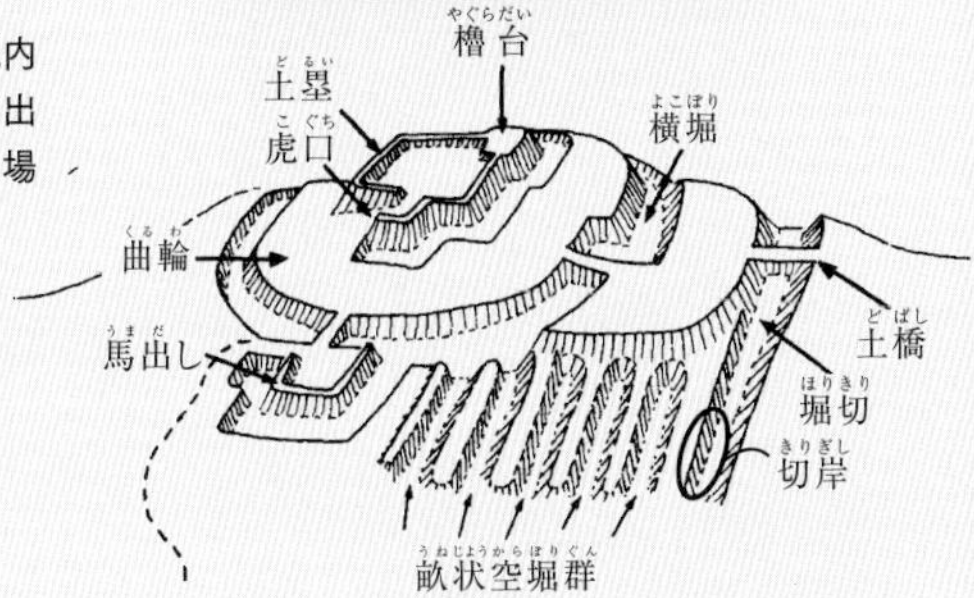

切岸＝人工の急斜面

深い堀ができるので、石垣の必要ナシ！

枡形《ますがた》

出入り口を２つの門と土塁で囲む。渋滞を引き起こして、土塁上、三方から「十字攻撃」が可能に。江戸城でも、大規模な枡形が多用されている

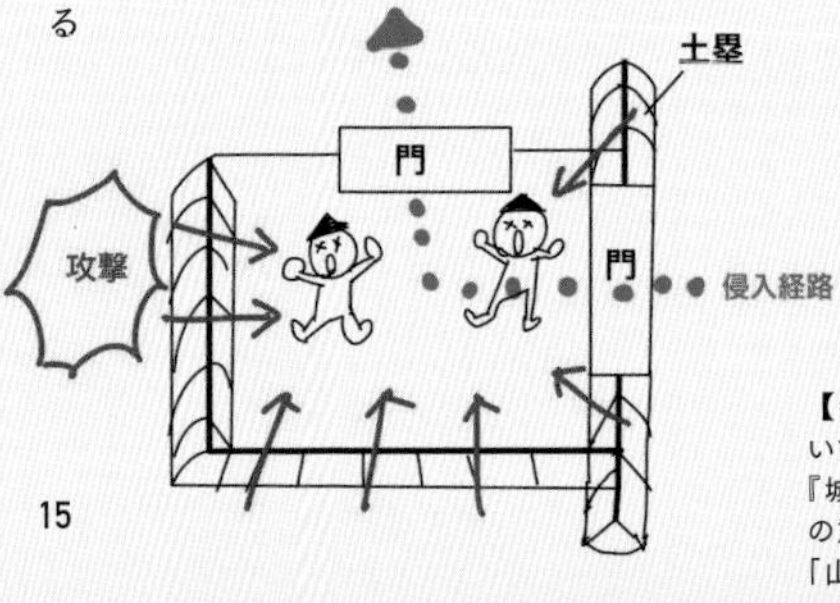

多彩な「堀」

堀切《ほりきり》—尾根筋を遮断した堀
横堀《よこぼり》—曲輪《くるわ》にそって延びて、裾のラインを構成した堀
竪堀《たてぼり》—斜面の横移動を防いだ堀
畝状空堀群《うねじょうからぼりぐん》—竪堀と竪土塁を連続して築いて、斜面での敵の集団行動を阻害した堀

【参考資料】
いずれも千田嘉博著『戦国の城を歩く』（ちくま学芸文庫）、『城郭考古学の冒険』（幻冬舎新書）、『中世城館縄張り調査の意義と方法』（国立歴史民俗博物館研究報告、1991 年／「山城遺構の名称」はここから転載）

戦国期 城年表 関東編

編集部作成/参考資料『日本史年表 第五版』岩波書店、
『戦国北条五代』黒田基樹、自治体による公式サイト・調査記録（年代等は諸説あることをご了承ください）

政権保持者	西暦（和暦）	合戦／主な出来事	築城、落城、廃城など（一部順不同）
室町時代			
1449-1473 足利義政	1454（享徳3）年	**享徳の乱　関東の戦国時代開始** 関東公方vs関東管領	
	1457（長禄元）年		**築・江戸城**（太田道灌）
	1467（文正2／応仁元）年	**応仁・文明の乱　戦国時代開始**	
	1469（文明元）年		**築・本佐倉城**（～1486年／千葉氏）
1473-1489 足利義尚	1476（文明8）年	**長尾景春の乱**　長尾景春が主家の山内上杉顕定に叛く。太田道灌（扇谷上杉定正家臣）が景春を破る	**築・鉢形城**（長尾景春）
	1478（文明10）年		**落・鉢形城**（これにより城主は山内上杉顕定に）
	1486（文明18）年	**太田道灌が、主家の扇谷上杉定正に暗殺される**。以後、北関東の山内上杉（鉢形城拠点）VS南関東の扇谷上杉（河越城拠点）が対峙（長享の乱）	
1490-1493 足利義材			
1494-1508 足利義高	1495（明応4）年	**伊勢宗瑞（北条早雲）、小田原を攻略。**	
	1500（明応9）年		このころ、**築・箕輪城**（上杉臣下の長野氏）
1508-1521 足利義尹	1518（永正15）年		小田原城主・北条氏綱に
	1519（永正16）年		**築・躑躅ヶ崎館**（武田氏館／武田信虎）
1521-1546 足利義晴	1521（永正18／大永元）年		**築・滝山城**（大石定重）
	1524（大永4）年		北条氏、江戸城を攻めとる
	1537（天文6）年	**河越城などで攻防戦**　北条氏と上杉氏（越後）、武田氏（甲斐）による、以後30年以上続く戦の開始	**整・深大寺城**（扇谷上杉家 上杉朝定） **廃・深大寺城**
	1538（天文7）年	**第一次国府台合戦**　北条氏綱、足利義明・里見義尭を降す。氏綱が関東管領に（山内上杉憲政と、ふたりの関東管領が並び立つ）	
	1541（天文10）年		小田原城主・北条氏康に
1546-1565 足利義藤	1546（天文15）年	**河越合戦（北条氏康vs上杉憲政・朝定）**北条の勝利で、山内・扇谷両上杉家を関東から排除	上杉憲政、越後へ退陣
	1558（弘治4／永禄元）年		**築・山中城**（1558年～1570年ごろ／北条氏）
	1559（永禄2）年		小田原城主・北条氏政に
	1560（永禄3）年	桶狭間の戦い（織田信長、今川義元を破る）	
	1561（永禄4）年	**上杉謙信の関東侵攻（小田原城攻め）。北条の勝利。上杉謙信対武田信玄　川中島の戦い（第4次）**	このころ北条氏照が**滝山城**に入ったとされる
	1562（永禄5）年		**落・勝沼城**（このころまでに、城主が三田氏から北条氏へ）
	1563（永禄6）年		**落・岩櫃城**（真田勢の攻勢で）
	1564（永禄7）年	**第二次国府台合戦**　北条氏が里見氏、江戸太田康資の連合を破る。江戸地域最大の領主・江戸太田氏が没落。	**落・小田城**（上杉・佐竹の攻勢で。小田氏1590年まで複数回・反旗ひるがえす）
1566-1568　（将軍空位）	1566（永禄9）年		**落・箕輪城**（これにより、城主が武田氏に代わる）

1568-1573 足利義昭	1569（永禄12）年	**武田信玄の小田原城攻め。北条の勝利**	**攻・滝山城**（武田信玄に攻められる）
	1573（天正元）年	室町幕府滅亡（織田信長、将軍足利義昭を追放。改元する）	小田原城主・北条氏直に
安土桃山時代			
1573-1582　織田信長	1576（天正4）年	築・安土城（織田信長）	
	1580（天正8）年	真田昌幸、沼田城（北条方）を攻略	
	1581（天正9）年		**築・新府城（武田勝頼）**
	1582（天正10）年	**織田信長（加えて同盟者の徳川家康、北条氏政）、武田氏を滅ぼす。本能寺の変（織田信長死す）**	真田昌幸が岩櫃山南面に御殿をつくるが武田勝頼来ず **落・箕輪城**（城主が織田氏に代わる／城主が北条氏に代わる） **廃・新府城**（武田勝頼自ら火を放ち廃城） **築・甲府城**（～1590年／徳川家康が甲斐を領有）
	1583（天正11）年	築・大坂城（～1585年／豊臣秀吉）	
	1584（天正12）年	**沼尻合戦**　上野国を制した北条氏らと、下野国を治める佐竹氏らとの戦い。 **小牧・長久手の戦い**	
1585-1598 豊臣秀吉（関白）	1585（天正13）年	豊臣秀吉　関白任官。 **このころ、北条氏の領土が過去最大に**	
	1587（天正15）年	**豊臣秀吉が「関東・奥両国 惣無事令」を発令**（大名同士の私戦禁止＆北条氏に臣従を促す）。西国をほぼ平定、残るは関東・東北に。	築・八王子城（天正年間に築城開始し、このころまでに、北条氏照が滝山城から移転）
	1589（天正17）年	北条氏（沼田城代 猪俣範直）、豊臣秀吉の裁定で真田領となった、上野の名胡桃城を奪取。 **豊臣秀吉、北条氏直に宣戦布告。諸大名に出陣の用意を命じる**	**整・山中城**（岱崎出丸など） **築・小田原城の惣構**（翌年完成）
	1590（天正18）年	**豊臣秀吉の関東攻め（小田原合戦）（4月3日～7月5日）** **北条氏滅亡**。豊臣秀吉、これにより関東を制圧。のち奥羽を制圧して天下統一。**徳川家康、関八州に移封。**	**築・石垣山城**（豊臣秀吉） **落・山中城**（3/29） **落・本佐倉城**（5） **落・鉢形城**（6/14） **落・八王子城**（6/23） **落・小田原城**（籠城戦4/3～7/5） **落・小幡城**（12） **落・箕輪城**（これにより城主が徳川氏に代わる） **江戸城主・徳川家康に**（8/1） **甲府城主・羽柴秀勝に**
	1598（慶長3）年	**豊臣秀吉、伏見城にて病没**	**廃・箕輪城**
	1600（慶長5）年	**関ヶ原の戦い**	
	1602（慶長7）年		**廃・小田城**
江戸時代			
1603-1605 徳川家康（初代将軍）	1603（慶長8）年	**徳川家康　征夷大将軍に**	徳川義直（家康九男）が甲府城主に
	1604（慶長9）年		江戸城 天下普請　開始
1605-1623 徳川秀忠（2代将軍）	1611（慶長16）年		**築・佐倉城**（～1618年／土井利勝）
	1615（慶長20）年	一国一城令が発令される	
1623-1651 徳川家光（3代将軍）	1636（寛永13）年		江戸城大城郭に
1651-1680 徳川家綱（4代将軍） 〜〜〜 中略 〜〜〜	1657（明暦3）年	江戸大火（明暦大火）	江戸城天守閣焼失。
1853-1858 徳川家定（13代将軍）	1853（嘉永6）年	アメリカ東インド艦隊司令長官ペリーが浦賀に来航。	
	1854（嘉永7）年		**築・第三台場**（品川台場）

城 MAP

城が築かれた「位置」や、館、山城、平城などといった「形」に、
戦国大名（城主）の戦略が見て取れる。

（電子地形図／国土地理院 を加工して作成。本書に登場する城のみマッピング）

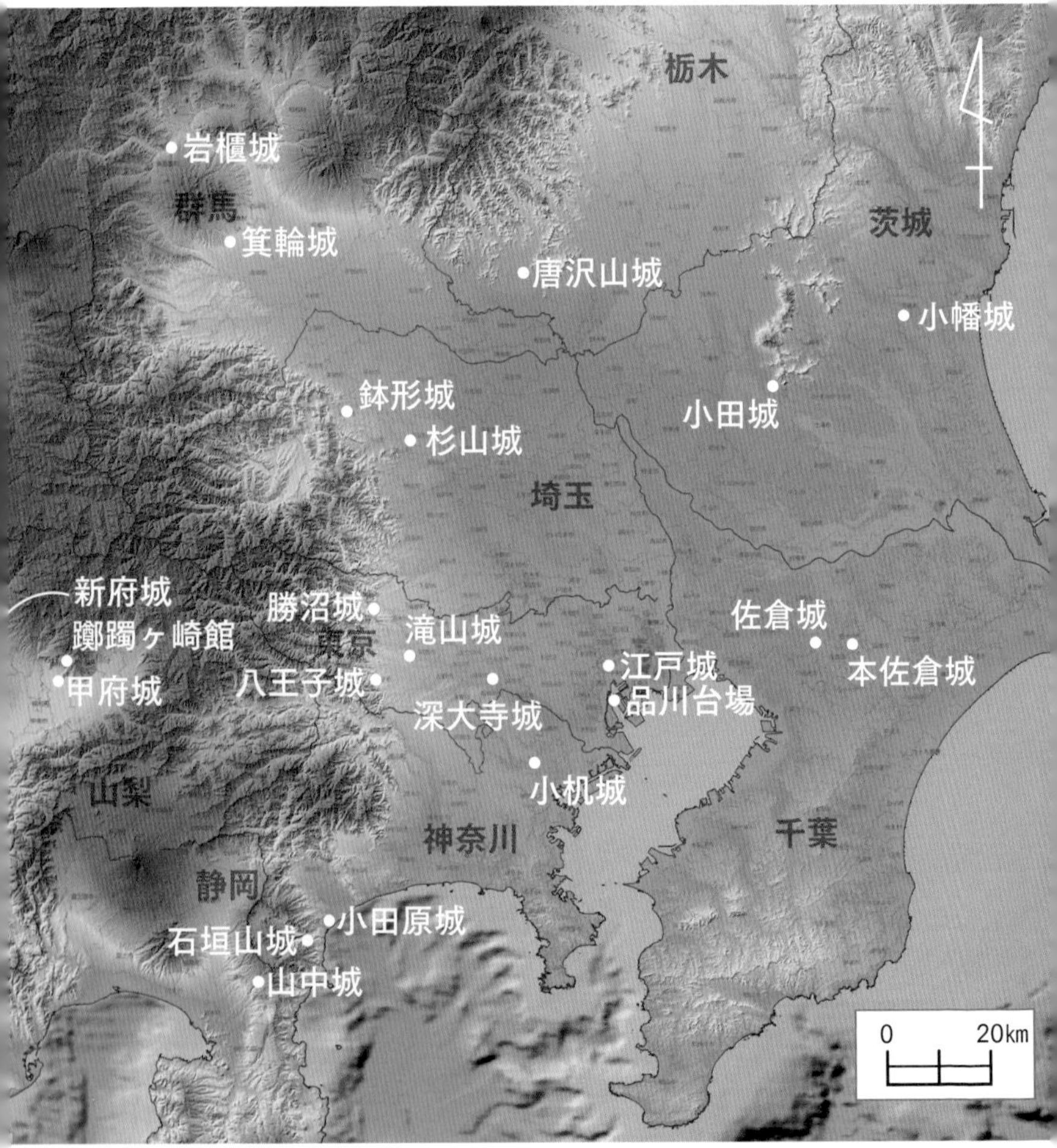

第 1 章

関東の雄！北条氏の城

〝土遣い〟の名手

関東ローム層を活かした
「土の築城家」で知られる北条氏。
深く急な堀、高き土塁、先の見えない出入り口――。
これじゃあ、殺られてしまう！

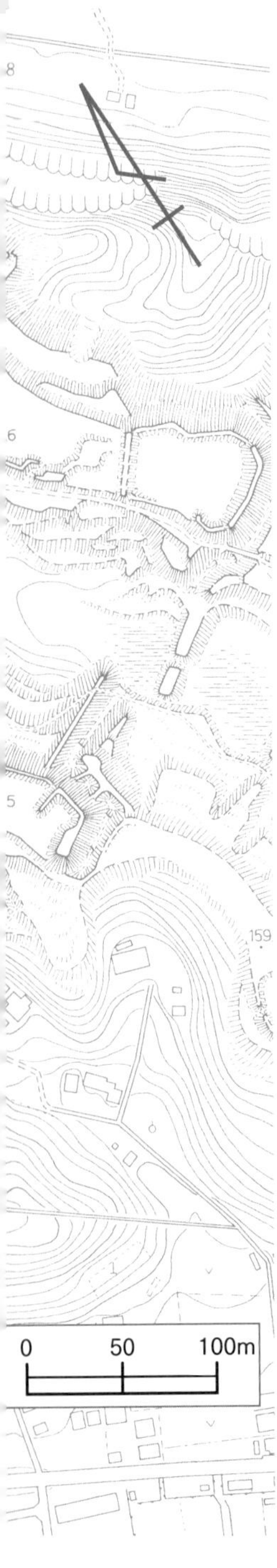

東京の城

滝山城《たきやまじょう》

武田軍をも拒んだ！
北条氏の〝北方の砦〟

城址は都立公園として整備されています。
北側は、多摩川と秋川の合流点。
城下には城下町が形成されていました。

（36、73、85 ページ含めいずれも、縄張図は
東京都教育委員会『東京都の中世城館』を元に作成）

国指定史跡・続日本 100 名城
東京都八王子市高月町、丹木町
JR 八王子駅からバス（滝山城址下／約 20 分）で下車、徒歩約 15 分
見学目安 約 1 時間

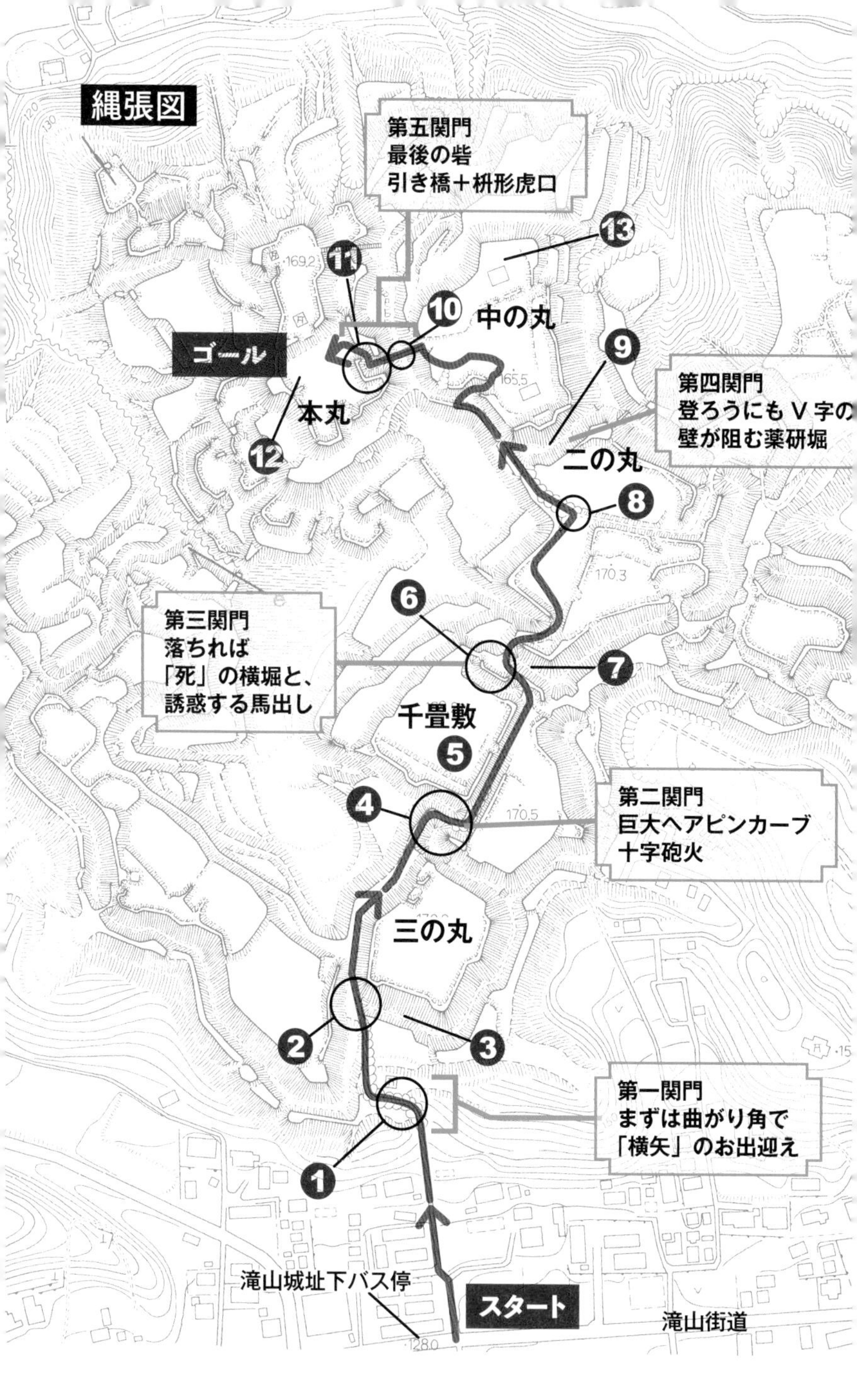
縄張図
第五関門
最後の砦
引き橋＋枡形虎口
13
11
169.2
10
中の丸
ゴール
165.5
9
第四関門
登ろうにもＶ字の
壁が阻む薬研堀
本丸
12
二の丸
8
170.3
6
第三関門
落ちれば
「死」の横堀と、
誘惑する馬出し
7
千畳敷
5
4
170.5
第二関門
巨大ヘアピンカーブ
十字砲火
三の丸
2
3
第一関門
まずは曲がり角で
「横矢」のお出迎え
1
滝山城址下バス停
スタート
滝山街道
128.0

長大な空堀、馬出し……
戦国の技のオンパレード

滝山城は、通説では一五二一（永正十八、大永元）年に大石定重が創築したとされます。その後、小田原の北条氏が勢力を広げると、北条氏康の三男・氏照が大石家に入り、しばらくして滝山城を本拠としたようです。一五六九（永禄十二）年には甲斐の武田信玄が関東に出陣し、滝山城を攻めました。滝山城は城下を焼かれ三の丸まで破られましたが、なんとか落城は免れました（『甲陽軍鑑』）。

滝山城は戦いがあった一五六九年頃には、かなりの規模に整備されていたと思われますが、現在見られる遺構は、この戦いののちにも城の増改築が進められたことを物語っています。地形を活かした複雑な構造や、曲輪《くるわ》を連繋して守る長大な空堀《からぼり》、馬出しと呼ばれる城道の屈曲と特別な広場を組み合わせた出入り口など、戦国の城の守りの工夫を体感できます。

こうして滝山城は、氏照がより堅牢な砦を築こうと八王子城に本拠を移す一五八七（天正十五）年まで、北条氏の城として重要な役

割を果たしたのです。滝山城は関東を代表する戦国の名城として、国の史跡に指定されています。（千田）

1

千田（以後、千） さて、滝山街道側の入り口から入りましょう。ここは城の〝大手口〟であり、メインストリートとなります。だからこそ、敵を阻む仕掛けに、いくつも遭遇することになるんです。しかし……大手口から、さっそく泣きたくなるほどお見事！

春風亭（以後、春） わーっと敵が来られないように、大きく道をクランクさせているんですね。櫓台を造れば、二方向からの攻撃（横矢＝敵の陣列の側面から射る矢）が可能になります。

2

千 ここ、左手の土塁は、もう少し迫《せ》り出していたのではないでしょうか。右手の土塁と、互い違いに配置することで、真っ直ぐ敵が来られないようにしている。

春　その上には櫓台があったのかもしれないですね。このままでは突破できないから、敵は右手を見たはず。すると……。

❸

春　空堀がある！　掘った土を、（写真でいうと）左側に盛って土塁を造ったんでしょう。この堀を、敵に歩かせる。

千　もう、土塁の上からぼこぼこに攻撃されますよ。そしてまた、土塁の大きさがすごいですね。

春　なかなかないですよね。高低差一〇メートルくらいはあるんじゃないかな。

千　当時はもっと深かったんですからね。年月を経てだいぶ埋まっていますから。まずここで敵を止めるのがすごいですね。名人技ですよね。これ、オタクの会話ですね（笑）。

❹

春　見えてきました！　デンジャラスゾーン（笑）。この直角ターンがすごいですね。

千　堀が右手と左手から入りこんで、道がギュッと細くなっている。敵はここで固まるので、写真の★方面や、千畳敷がある◎方面からの攻撃が容易です。

3

4

5

春 千畳敷（写真④の◎）に登って見るとわかりやすい！（さすが山城歩きの達人、崖を駆け上がるのも軽快！）

ほら！　深い堀を交互に道に迫らせるから、自然とヘアピンカーブが出来上がる。敵は、左右どちらからも逃げられない。細い道で一列になったところを、写真の★方面からと、ここ千畳敷方面から槍や鉄砲を使って、いわゆるクロスファイア（十字砲火）の攻撃を浴びせるのが、この〝巨大ヘアピンカーブ〟なのです。いやらしいでしょう（笑）。

千 間違いなくたくさんの足軽がここでやられたでしょう。しかし、こんなにしっかりと遺構が残っているなんて、すごいですよね。北条氏照は後に本拠を八王子城へ移しますが、豊臣秀吉の攻撃で落城し、その後、破却されます。しかし滝山城はすでに廃城となっていたから新たに壊されなかった。だから建物はなくなっても、堀や土塁はそのまま残っているんです。よく〝城の復元〟というと、「建物を造れ」となりがちですが、地面のでこぼこの〝意図〟さえわかれば、このままでも十分面白い

ですね。

春　それに滝山城はボランティアの方々が整備してくださっているので、見やすいですね。僕らが各地の城をめぐる際は、ぼうぼうな草木を掻き分けながら行くのがほとんどですから。

6

千　そしてここが、続いての難関〝馬出し〟です。しかも、北条氏が多用した〝角《かく》馬出し〟（15頁に解説）ですね。馬出しとは、防御した出入り口の一種です。土塁で囲った広場を設けて、その周りを堀（▽）で囲む。

春　おそらくここには門があったんでしょうね。正攻法で、門を突破するのが容易でないのは明らか。門を破ろうと右往左往しているうちに、横から槍で攻撃されますから。敵は、自然と堀（▽）へ進む。

千　堀からは、土塁が阻んで広場の様子が見えないでしょう。すると、いきなり鉄砲が出てくる可能性もあるし、広場に人が集まっていて、ワーッと飛び出してくる可能性もある。目隠しのような役目もあるんです。

7

千　そして右手を見ると、見事な〝横堀〟が！　高さといい、角度といい、素晴らしい。石垣のお城に負けないね。

春　これを見ると、「石垣なんていらない」って思いますね。

千　滝山城の特徴は、こうした〝横堀〟を何重にもめぐらせていることにあります。今はいくらか埋まってしまっていますが、当時はもっと深かったでしょう。落ちたらおしまいです。

春　すると足軽たちは、こんな深い堀は登れないから、さきほどの〝馬出し〟へ自然と流れるわけです。あ！　ここの馬出し、あえて堀を浅くしているのも、作戦かもしれませんね。〝これなら行けるじゃん〟と思わせる。ところがここが一番守りやすくなっているわけですから、もう、思う壺なわけですよ。守り手としては、なるべく敵が攻めてくるルートを、限定したいわけです。堀には、〝遮断する〟という意味と、〝誘導する〟という意味があるんですね。

千　ふっふっふ、と腹黒い笑いがこぼれたでしょうね（笑）。しかし、すごく優秀な設計家がいたものです。元の自然地形を最大限に活かして、むだな労力もお金もかけずに造ったのですね。

春　それにしても……すごいですよ。近世のお城で〝すごい〟と言われるもの（安土城、大坂城、江戸城など）はありますが、滝山城も技が巧みですね。

千　近世のお城は、〝戦う〟前に〝権威〟の象徴でもあって、装飾性が高まっていきましたから。

8

春　ここ！　この曲がり角！　前にここに来たときにね、時間がなくてすごく急いでいたんです。小走りで来て、この曲がり角にさしかかったとき、とっさに〝右〟へ曲がって坂を登ったんです。だって、普通お城って、大切な場所ほど高台に造るものでしょう。そうしたら、お城の外に出ちゃった。驚きましたね、なんと本丸は〝左〟の方向、一段下にあった。

千　姫路城でも発揮されている手法です。低いほうへ行かないと、天守に行けないという。いかにも高台がお城の中心部のように見せておいて。当時の足軽たちも引っかかったでしょうね。絵図なんて持っていないですから。

春　いやらしいですよね。僕だって縄張り図を持っていたら間違え

ないですよ。完全にだまされたわけです。でも、こういうのが面白いんだよね。たまにはひっかかってみないと。

9
千　二の丸から中の丸へ進むところに、大きな〝薬研堀《やげんぼり》〟（V字の空堀）が残っています。これはずいぶんきれいに残っていますね。空堀の典型的な形態です。左手が中の丸ですので、守りたいほうの土塁を、高く築いています。

春　堀の中を歩けるようにしているんですが、ここを歩けば〝横矢〟という側面攻撃が行われます。どうしたってV字になっているから、兵は一列にならざるを得ないでしょう。より狙いやすくなるわけです。では正攻法で門を突破しようと思っても、そこだって〝デンジャラスゾーン〟。どうしますか？　みなさん、どっちで死にますか？　となる（笑）。

千　どっちに進んでも、何の幸せもないという、辛い話ですね（笑）。松本城なんかは、こうした堀に、〝乱杭《らんぐい》〟という、先を尖らせた木を隙間なくズラーッと敷かれたものが発掘されました。当時の足軽たちは、靴底にゴムなんかあるわけないから……。

春　貫通……。

千　すごく痛いですよ。どうしろってんだ！　俺らを殺す気か！　という気持ちですよ。

春　それがまた、攻めてくる方向を想定して立てているんでしょう。いやらしいですね。人間の心理を利用して（笑）。

10

千　さあ、いよいよ本丸へ。ここまで攻められると、ピンチですね。

春　奥方やお姫さまを呼んで、自害の準備を始めなければならないですね（笑）。

千　中の丸と本丸の間には大きな堀があって、そこには〝引き橋〟が架かっていました。有事の際は、本丸側の出入り口（虎口《こぐち》）のほうへ引いて、渡れないようにしたんです。

左・引き橋を、堀底から見上げる。有事には、左手の本丸側へ、橋を数メートル（虎口分）引いて、敵の侵入を阻む

11

千　橋を渡った先の出入り口は、最後の砦となっていました。ここは〝枡形《ますがた》〟ですね。橋を渡りきった先は土塁で囲んで守った門があって、きっと土塁の上には高い柵や塀があったんでしょう。近年の発掘で、この虎口が〝石敷き〟であったことがわかりました。

春　本丸なので、格を上げる意味があったんですね。

千　縄張り図を見て、毛虫のようになっているのは人工の急斜面（切岸《きりぎし》）の意味です。写真で師匠が立っている場所は、おそらく櫓台があったところでしょう。枡形になっていたので、枡形に入った敵を三方から迎撃できました。ああ、でも師匠にやられるのなら、仕方がないなあ（笑）。

12

千　本丸へ到着！　天下取ったぞ！（笑）ああ、ここも土塁に囲まれていますね。非常にいいですね。

春　見てください、今も井戸が残っています（**12-2**）。

城内には池も抱えており、豊かな水量を誇ります。長期戦も可能、ということです。それに、北条氏の記録を見ると、あちこちの城の文書で「木を勝手に切るな」という命令を発していました。木は貴重な燃料となりますし、水源を保護していたのです。

13

千 ちなみに、中の丸からの眺めも見通しがいいですね。城の北側には、多摩川が流れています。河川は物を運ぶ流通ルートでもあり、城を守る防御線でもあります。

春 川は、当時の〝高速道路〟ですもんね。びゃーっと高速で物が運べる。大手口側は〝滝山街道〟にも隣接し、陸運・水運を押さえていたというわけだ。だって、関東全域が北条氏のも

12-2

12

のだったんですもんね。埼玉県、千葉県、神奈川県、群馬県、東京都知事を担っていたわけですよ。いいとこ取りですね（笑）。

帰り道……。

千　それにしても、北条氏照は、わざわざ八王子城を築いて移る必要もなかったんじゃないかと思うくらい、完璧な城でした。滝山城には、後の近世城郭に見られる技（ヘアピンカーブ／馬出し／横堀など）が、いくつも見られました。しかし建造物は板葺《いたぶき》で、火矢には弱かった。だから姫路城は漆喰が塗られ、石垣も使われ、江戸時代には屋根が瓦《かわら》葺《ぶき》になるなど、どんどん耐火性や防御性は高まっていきます。

春　つまり、素材は変われど、縄張りのプランは、この時代で確立されるんですね。やっぱり武田氏や北条氏というのは、築城家として大変に優れているとわかりますね。当時の城界でも話題になったんじゃないですか（笑）。

13

千　同時代の織田信長だって及ばなかった点があります。また北条氏の場合は、拠点の城については、小田原の本家に設計図を送って指示を仰いでいたようです。だから知識が集約され、城の形に一貫性が出てきたんです。

春　北条氏の城の特徴が生まれてくるのは、そういうわけなんですね。

千　ところで、馬出しや枡形という築城技法は、ヨーロッパでは紀元前二五〇〇年頃には生まれています。守るのに合理的なんです。ところが平和な世が訪れれば、そうした技術は必要なくなり、継承されていきません。次に見られるのは紀元前一世紀頃で、イギリスの鉄器時代の防御集落では、馬出しなどがいくつも造られています。日本では十六世紀になって、普遍性をもった世界最高水準の城に到達した、ということです。

春　教わらずとも、一生懸命考えれば、人間、共通のものが生まれてくるということがすごいですね。しかし、いちいち堀を互い違いにさせて、ヘアピンに次ぐヘアピンを造っていました。いやらしいなあ、どこまで命懸けで考えているんだ！（笑）

千　記録では、滝山城は武田信玄に攻められ、三の丸まで破られました。そこに至るまでにいくつも〝ヘアピン〟がありましたが、そこを突破された場合も考えて、幾重にも反撃できるポイントを造ったんです。

春　やはり築城の名手・北条氏。お見事です。

東京の城

八王子城《はちおうじじょう》

山を丸ごと「城」化してパワーアップ！

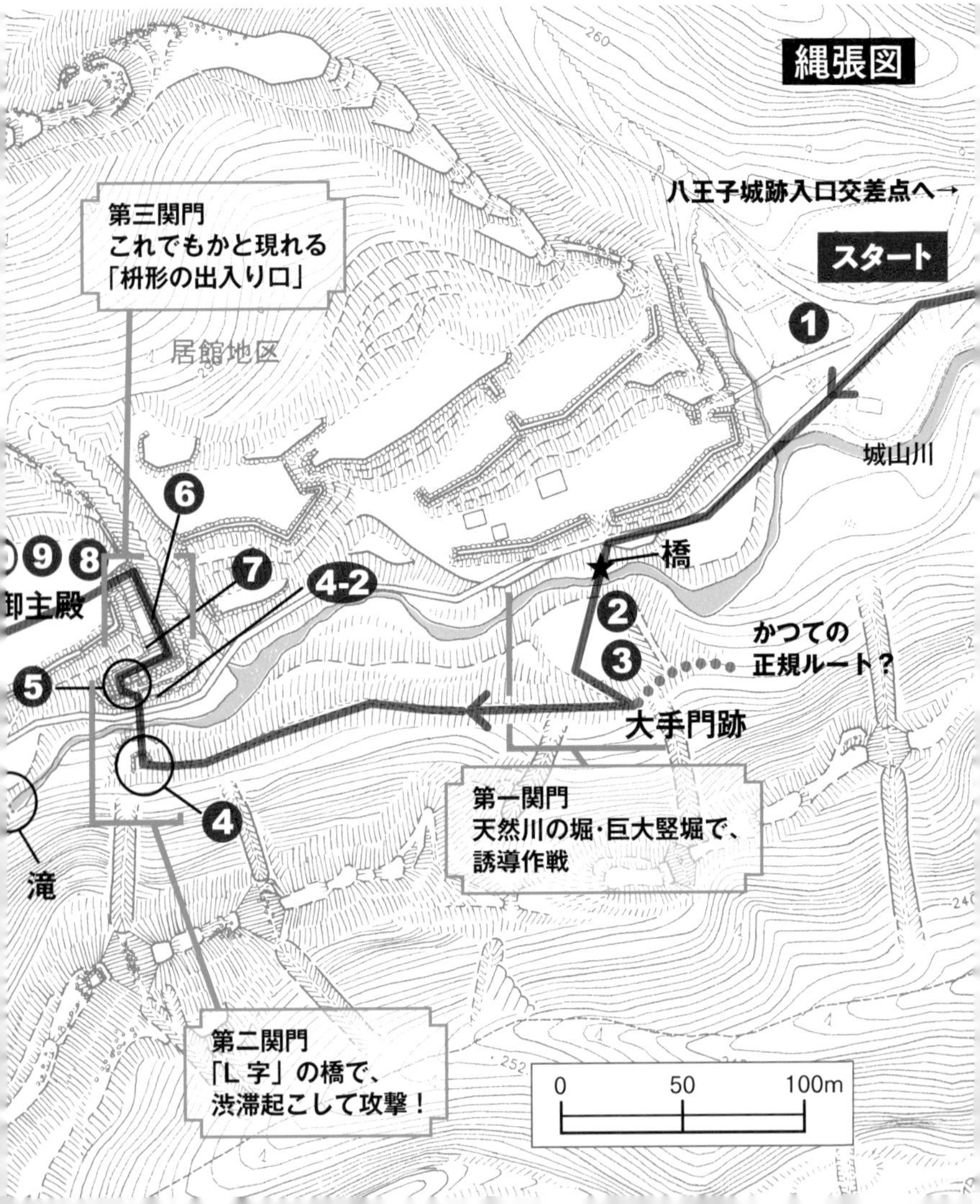

高く険しい山全体を「城」として、さらには側を流れる城山川《しろやまがわ》を「堀」に利用するなど、とても雄大な構想で造られています。

標高 460 メートルの山頂に「本丸」を置き、本丸の西側の尾根筋は、長く延びた石垣の防塁線で固めました。

一方の東山麓には「御主殿《ごしゅでん》」と呼ばれる壮麗な居館を置きました。

城山川に沿った「御主殿」までの当時の城道は、みごとに整備されていて戦国の気分を満喫できます。（千田）

国指定史跡・日本 100 名城
東京都八王子市元八王子町 3-2715-2
JR 高尾駅からバス
（霊園前・八王子城跡入口／
約 15 分）で下車、徒歩約 20 分
見学目安 約 1 時間（御主殿跡まで）

滝山城をレベルアップさせた
石の「堅城」も、儚く破れた——

八王子城は一五八七（天正十五）年までに、北条氏照が多摩地域の拠点として、滝山城から本拠を移して築いた山城でした。この頃すでに大坂城を本拠とした豊臣秀吉と北条氏との政治的緊張が高まっており、氏照は持てる力を結集して新たな城を造ったのです。しかし一五九〇（天正十八）年の豊臣秀吉の関東攻めでは、城主の氏照は小田原城に詰めており、城代が守っていた八王子城は一日で落城してしまいました。（千田）

千 ❶ 八王子城は、一九九〇（平成二）年から九二（平成四）年にかけて、発掘調査および、丁寧な整備事業がなされています。その際に新設された案内看板を眺めつつ、ボランティアガイドさんがいる管理棟から出発です！

千 ❷ さて、御主殿へ行くには、まず城山川《しろやまがわ》に沿って南側の尾根を歩いていきます。★の橋（縄張り図参照）を渡ると、さっそく見事な空堀（竪堀《たてぼり》）が！

春 うわあ、よく残っていますね。

千 八王子城の整備で特筆すべきは、写真手前から始まる、城までの道筋（大手道）を整備したことです。復元といえば「天守や櫓を造ろう！」となりがちですが、そうしなかった。城を理解するときに、大手道を把握することは非常に重要なことです。ただの〝園路〟と思われがちで、あまり評価されていないのが残念ですが……。写真奥には、大手門跡（城の玄関口）があります。こちらも門の礎石などが発見されました。

春 ❸ 大手道を進んで上から見ると、ここの防御のすごさがわかります。大きな内枡形《うちますがた》になっているんですね。ピューッと延びた土塁がまた、見事ですね。

千 土塁の向こう側には城山川が流れていて、天然の〝堀〟とな

っています。おそらく、当時の大手道は、城山川の南側を、さらに下流へ続いていたのではないかと思われます（縄張り図参照）。すると敵はまず、城山川の堀・門・土塁で阻まれる。万が一突破されても、この大きな竪堀に誘導され、写真の位置から攻撃を浴びるというわけです。

春　滝山城と同じで、敵を一ヵ所に誘導する戦法ですね。

千　さあ、北条氏に仕えた武士が歩いた道を、〝正しく〟歩いていきましょう。

④

千　見えてきました！　あちらは「御主殿跡」です。はるかに高い山頂には「本丸」があります。「御主殿」は北条氏照の〝表御殿〟で、要人との謁見や、家臣との対面行事などが行われました。

春　一つの大きな山の中に、日常を過ごす「館」と、戦時の「詰めの城」（本丸）が一緒になっている？

千　そうです。そして本丸を高い場所に置くことで、前に歩いた滝山城よりも守りを強化させています。戦国時代の城に多いパターンです。さて、（写真）左に見える石垣の橋脚台が発掘された

ため、城山川を渡る橋が推定復元されました。石垣は、北条氏の技術を集結させた「野面《のづら》積み」です。この「野面積み」が大変で、当時は石をカットする技術が発達していなかったので、多様な石を、職人がその場で判断して積んでいきました。秀吉が攻め入るまで「関東に石垣の城はなし」と言われましたが、それは間違いで、十六世紀には関東の各地で初期の石垣が築かれていました。

しかし……この橋がいけない！　滝山城では「引き橋」が効果的に使われて、城道の屈曲も工夫していたのに、なぜ八王子城の橋の終着点（**4-2**）は、こんなに単純なのでしょう！　ねえ師匠！

5

春　ふふふ、御主殿から見下ろしてみると、一目で不自然な様子がわかりますね。

千　実は、発掘の際、Aの橋脚台と、Bの階段が見つかったんです。だから、橋はAとBで結ばれていたと判断された。だけどその後、CとDが発掘されました。思い出してください！　あれだけ、滝山城では「曲がり角」があったじゃないですか。どうしてその後に造った八王子城は、こんなに真っ直ぐなんですか？　ど

こで造り方が下手になったの！　という感じですよね。そう……つまり橋は「L字形」で、AからCへ繋がっていたと考えられるのです。BとDは、本来、ひとつの「櫓台」だったのです。

春　すごいですよね、橋で「曲がり角」を実現させてしまった！

そこで渋滞が起きれば、櫓台から、また御主殿から、二ヵ所から攻撃し放題ですね。

千　そう考えると、橋の終着点は、「枡形」の出入り口になります。有事の際は、橋を数メートル（出入り口の幅の分）引いて、敵の侵入を拒めばいい。実際、岐阜県に岩村城という江戸時代の山城があるんですが、絵図を見ると堀に架けた橋がL字形なので、そういう技があったことがわかります。八王子城の橋の復元は、間違っている可能性が高いので、別の復元案も現地に記して、来訪者が考えられるようにしたらよいですね。

❻

春　いよいよ、御主殿へ入る道ですね。滝山城と同じように、石畳で格を上げています。

千　大部分は、当時の石をそのまま使って復元したようです。私

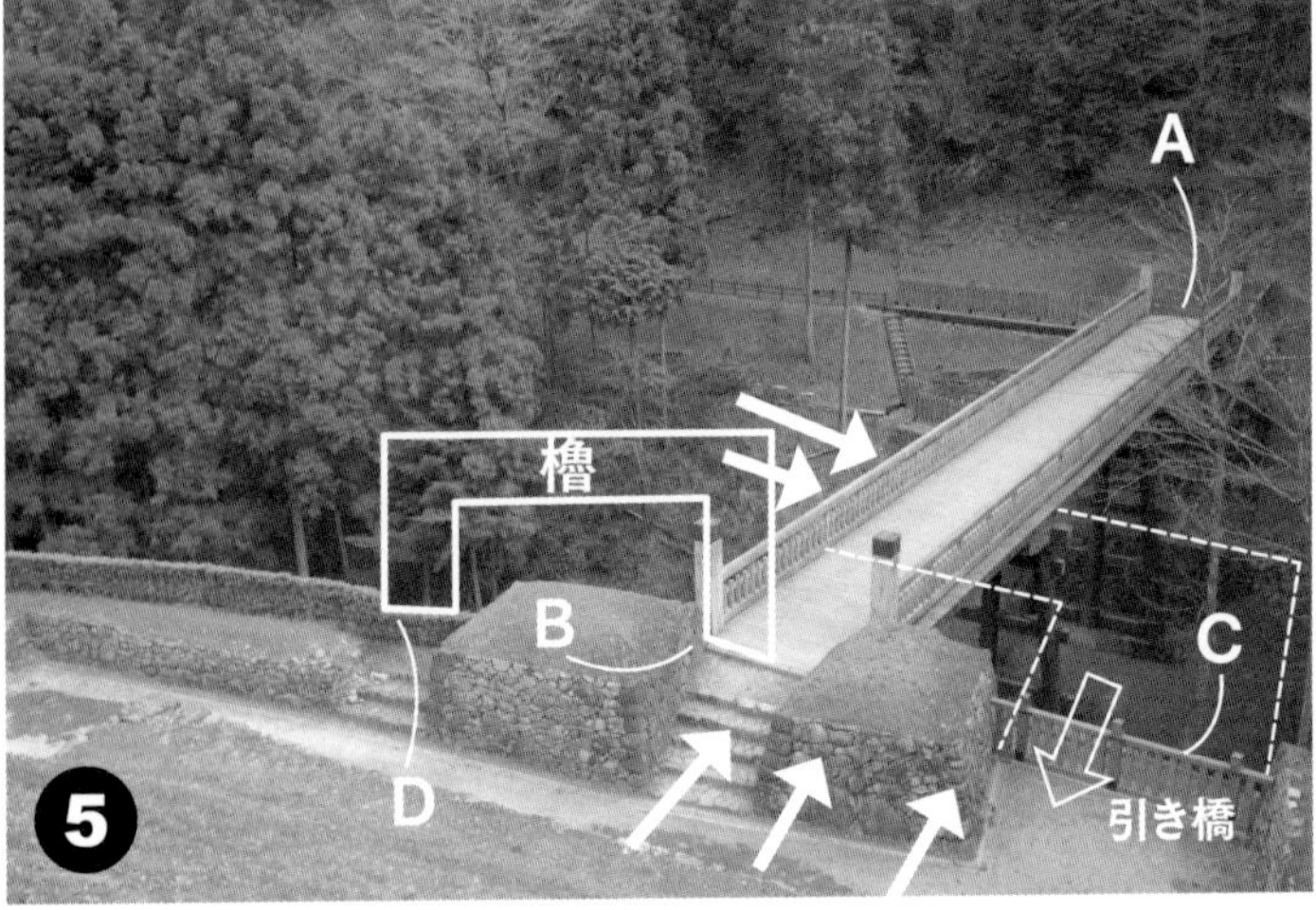

たちが今立っているところには柱があって、櫓が立っていたのでしょう。

春　先ほどの櫓も合わせれば、ずいぶん防御が手厚いですね。御主殿までの階段は「枡形」が連続し、横矢の攻撃が続きます。

千　絶対に敵を通すまい！　という決意を感じます。それに、櫓台の「礎石」と「石垣」がギリギリのところで接触しています。これは土では決してできないこと。土で固めると傾斜が必要ですが、石なら、ほぼ直角で造れます。

春　完全シャットアウト！　だから石なんだ。

千　それに階段の脇に、石垣を「斜めに」積むのも非常に難しいのですが、お見事です。

春　北条氏照は、確か織田信長と仲がよかったんですよね。きっと安土城で石垣を見せられて、「こういうの見たことある？　君たち」と自慢されたんでしょう。氏照は「ええ！　信長さん、こんなのすごい！」って〝よいしょ〟しながら、「石垣いいな」と思ったんだろうな（笑）。

7

千　見てください。北条氏のオシャレなところで、コーナーに、わざと大きな石を使っています。大坂城でも、「鏡石」といって、ものすごく

6

大きな石を、枡形のところにボンッと置いています。重くて運ぶのも大変なわけで、富と権威の象徴ですね。

8

春　さあ、門（**8-2**）を抜けて、御主殿に到着！　現在は一面、芝生広場に！

千　この御主殿、日本で発掘された戦国期の御殿としては、屈指の大御殿だったんです。

9

千　発掘調査を経て、御主殿跡の復元的整備工事が完了した写真（二〇一二年、八王子市教委）です。右側に建物から張り出した〝中門〟を持つ「主殿」があり、正式な対面行事を行いました。主殿は古代の寝殿造りの系譜を継いだ、室町時代以降の武家建築でした。そして左側、主殿と並んだ建物が「会所」。文芸活動や、宴会などを行いました。「主殿」は身分ごとに席次が定められますが、「会所」は、上下関係なく車座になって、お酒やお能などを楽しみました。会所は庭園に面しており、『洛中洛外図屏風』に描かれた将軍邸の形式とも合います。発掘でこれらを証明できたのは、本当に素晴らしいことです！

春　滝山城に比べると、はるかに豪華ですね。

7

8-2

8

千　そう。八王子城の主殿は、近世の初めに成立した建築基準を記した書籍『匠明《しょうめい》』の主殿とも合致する、格式の高いものでした。

春 **10**　会所の礎石も、少しだけ出ていますね（二〇一一年取材当時）。

春 **11**　あ！この石も、当時のお庭にあったものでしょうか。

千　「庭園の石に歴史を想う、昇太師匠」ですね（笑）。

春　この石を、北条氏照も眺めていたかと思うと、ウットリしますよ。

八王子市による 2012 年
発掘調査後の俯瞰写真

⑫ボランティアガイド（以後、ガイド）　どうです、すごいでしょう。ガイダンス施設では、発掘物のレプリカなども展示されています。

千　そう！　八王子城は、その発掘された陶磁器が素晴らしいんです！　いずれも完全なかたちであれば国宝級のものばかり。たとえば、ベネチアングラス（**12-2**）。仙台城でも発掘され、伊達政宗がそれでワインを飲んだらしいんです。北条氏照をはじめ、大名の華麗な暮らしぶりがわかります。また、御主殿からは「土器《かわらけ》」という素焼きのお皿もたくさん発掘されています。献杯の際、一回使うと捨ててしまうもので、お金持ちでなければ使えないものですね。他七万点もの品が発掘され、うち二千点弱が復元されています。

ガイド　残念なことに完全なものは一つも出ていないのですが……。

千　仕方のないことです。八王子城は落城したからこそ、これほど残ったのです。

春　平和裏に「開城」となれば、残らない。

ガイド　陶器など割れた破片が、同じ場所でずいぶん見つかっていますす。略奪されるのが嫌で、北条家がみんな割ってしまったんじゃ

発掘されたベネチアングラス
（八王子市郷土資料館所蔵）

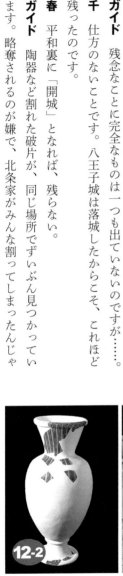

ないかと思うくらい。

千　特に、御主殿から発掘されていますね。落城の際に、秀吉軍が略奪して、持ち出されたものも少なくなかったでしょう。

春　本丸への道は、木々を掻き分け進みます。日ごろ僕たちが「城歩き」をする際は、滝山城や八王子城の大手道のように整備されていることのほうが少なくて、こうして、必需品の「杖」で蜘蛛の巣を払いながら行くことが多い（笑）。

千　本丸へ登る当時の城道ははっきりしませんが、地形を防御に利用した道だったのでしょう。八王子城に関しては、御主殿までに、防御の技が凝縮されていますので、今日の探検はここまでにしましょう。

帰り道……。

春　これだけ大きな規模の山城だから、かなりの人数がいないと守りきれないですね。

千　そうですね。城の構造や防御態勢を見ても、滝山城をさらに発展させた堅城といえます。ところが八王子城は、豊臣秀吉軍に攻めこまれ、一五九〇（天正十八）年、わずか一日で落城してしまいました。その理由は、豊臣軍との戦いに備えて、城主の北条氏照が、主力軍を率いて小田原城へ行っていたから。

右・北条氏照および家臣墓。
氏照の家臣であった中山家範の孫の
中山信治が、氏照百回忌に際して
供養塔を造立した

春　〝お留守番チーム〟が、八王子城を守っていた。

千　そう。当時は上杉家だって、武田家だって、「半農半兵」が普通でした。農繁期は、兵士は武器を置いて地元へ帰った。ところが、秀吉軍の強みは、兵士と農民を分離して、〝軍人〟をつくったことにありました。農繁期にも戦いつづけられる軍隊をつくって、秀吉軍は攻め入ったのです。

春　守り手も、「なんでこいつらお国に帰らないの？　農業しろよ！」と思ったことでしょう（笑）。それと、滝山城には、本丸に「井戸」がありましたが、なんと八王子城は、城中に川が流れていましたね。

千　上流には滝もあります。きれいな川で、飲料水や生活用水、堀の役目も負いました。

春　その滝は、落城時に御主殿の婦女子らが身を投じた場所だそうで……。

（管理棟の案内看板を見て）それにしても、北条氏照の姉妹にあたる、北条家三代・氏康の娘たちの運命がすごいですね。それぞれの嫁ぎ先――武田、吉良、今川、千葉家……みな滅びてるもの！

お江《ごう》（浅井三姉妹の一人。豊臣と徳川の権力争いの陰で、二度の結婚に破れた後、二代将軍徳川秀忠の正室、三代将軍家光の生母となる）よりも〝姫たちの戦国〟としてはエピソードが満載です。

千　北条氏の中でも「武闘派」でファンが多い氏照ですが、八王子城には、討ち死にした家臣とともに祀られた墓所があります。最後は手を合わせて失礼しましょう。

静岡の城

山中城

やまなかじょう

豊臣軍を迎え撃て！
北条軍の最前線基地

本丸を中心に西・南・北の三方向の尾根に曲輪が設けられています。南に位置する岱崎出丸《だいさきでまる》は豊臣秀吉の北条攻めに備えて築かれた曲輪で、豊臣軍が侵攻路として使用すると予想された東海道を城内に取りこんでいます。格子状に堀底を掘り残し土手を造る「堀障子《ほりしょうじ》」を城全体に用いている点が特徴で、特に岱崎出丸の一ノ堀や、西櫓・西の丸の堀で見事な堀障子を見ることができます。

（監修・加藤理文／絵・香川元太郎を元に作成）

国指定史跡・日本100名城
静岡県三島市山中新田410-4
ＪＲ三島駅からバス（山中城跡）下車、
徒歩ですぐ駐車場
見学目安 約1時間30分

天守台
8
ゴール
本丸
6
6-2
二ノ丸
7
西ノ丸
5
3
元西櫓
4
第四関門
攻め込まれても、
木橋を落として断つ！
西櫓
第三関門
「美しくも地獄」
の、堀障子
（駐車場）
東海道
1
第一関門
切岸を駆け上がった先には
まさかの「魔の堀」
スタート
縄張図

堀障子に、銃座——北条の築城技術の「粋」

築城時期は不明ですが、相模・甲斐・駿河三国同盟が崩壊した一五六〇年代後半頃とする説が有力。北条氏領の西の境界を守る前線基地であるため、豊臣・北条の対立が決定的になると、北条氏政は山中城に岱崎出丸《だいさきでまる》を増設するなどの強化を施しました。氏政の予想通り、北条領へ侵攻した豊臣軍はまず山中城を攻撃。岱崎出丸を中心に激戦が行われましたが、六万を超える豊臣軍の猛攻を受け、山中城は約半日で落城したとされます。

千　❶山中城は東海道を守る北条氏の前線基地にして、豊臣秀吉による北条攻めの最初の激戦地となったお城です。師匠は何度もこのお城を攻略されていると思いますが、今回はどこから攻めましょうか。

春　えー、迷っちゃいますね。やっぱり、岱崎出丸《だいさきでまる》かなあ。

千　東海道防衛のため、秀吉の北条攻め直前に増築された岱崎出丸

ですね。では早速見ていきましょう！　旧東海道を進んでいくと、出丸の切岸が見えてきますよ～。

春　この切岸の上には一ノ堀がありますけど、街道からはまったく見えませんね。ここを登れば城内に侵入できる……と思って切岸を登りきったら、そこは曲輪じゃなく堀の縁で、曲輪から敵の矢玉が飛んでくる……。おっとっと、と立ち止まっても、後ろから来る味方の兵に押されてどんどん堀に落ちていくだろうし。恐ろしすぎます（ぶるぶる）。

千　さすが、師匠。攻城兵の気持ちがわかってますね。

2

春　岱崎出丸の一ノ堀にやって来ました。うーん、山中城の堀障《ほりしょう》子《じ》は何回見ても感動しますね！

千　深くて広い堀は敵の射撃が届きにくいという利点がある一方で、堀底を伝って敵が城の奥に侵入してしまう危険があります。なので、敵兵が勝手に移動できないよう、土手で堀を区切るわけです。

春　今の遺構を見ると、土手の上を歩けそうですけど、本当は土手の先端はとても細くて、堀の底も深かったんですよね。

千　そうそう、土手の上を歩くのは難しくて、歩けたとしても岱崎出丸から狙い撃ちされてしまいます。また、今は遺構保護のために芝が張ってありますが、当時は関東ローム層の赤土がむき出し。堀底に落ちようものなら、自力ではい上がるのはほぼ不可能です。

春　味方が勝って助けてくれるのを祈るしかないですね……。

千　岱崎出丸の先端には擂鉢曲輪《すりばちくるわ》があります。名前の通り、曲輪の内側がすり鉢のように窪んでいて、周囲には土塁が設けられています。この土塁は銃座（射撃のために銃をすえておくところ）の役割を持っているのです。

春　弾込めのときは土塁で身を隠して、撃つときは土塁で銃身を支えて狙いを定めやすくする……。塹壕戦《ざんごうせん》（敵の銃砲撃から身を守るため、陣地の周りに穴や溝を掘って挑む戦い方）に近い戦い方です。

千　ええ、火縄銃を有効に運用することを突き詰めた結果、近代戦に近い発想の守り方になっているように思います。

春　堀障子や土塁はしっかり造っているのに地面の削平《さくへい》は甘いのは、築城途中だったからと言われますが、どうなんでしょうか。

千　真っ先に敵の攻撃を受ける場所なので、削平は後回しでギリギ

りまで防御設備を造り続けていたのでしょう。結局、秀吉は圧倒的な兵力で山中城を落としますが、豊臣方も多数の犠牲を出す激戦となったことは、山中城の防御力の高さを示していると思います。

3

千 続いて西側の曲輪へ行きましょう。わぁ〜、一面に堀障子が広がっていて、「堀障子天国」ですね！

春 攻め手にとっては地獄ですけどね（笑）。土手をずらしているのが面白いです。

千 ダメだとはわかっているんですけど、一回堀障子にはまってみたいです。師匠もはまってみたいですよね？

春 僕は一回許可を取って入ったことがありますよ！　遺構保護のため底が埋めてあるので、楽勝で登り下りできちゃったんですけど。どこか一ヵ所、実際の深さと土手の細さを再現してくれないかなあ。

千 いっそ、駐車場あたりに堀障子の再現展示など造ってほしいです。お城ファンがこぞって、はまりに来ますよ。

4

春 西側の曲輪の先端は、西櫓と西ノ丸が堀切で区切られています。

西櫓は役割としては角馬出《かくうまだ》しですよね、先生。

千　そうそう。もともと、西ノ丸の西櫓側は土塁に一ヵ所切れ目があったのですが、近代以降に破壊された跡だと考えられて、塞がれてしまいました。でも最近の調査でここは土塁ではなく、木橋が架けられていたということがわかっています。

春　よかった。ちゃんと木橋は架かっていたんですね。現状ですと、西ノ丸から西櫓へと救援の兵を送れないですから。

千　背後から「がんばれー」って応援するしかないですね（笑）。

5

春　西の丸から東へと元西櫓・二ノ丸・本丸が続きますが、いずれも尾根筋を堀切で区切って独立させています。これらの曲輪も木橋で行き来していたのでしょう。

千　危なくなったら木橋を落として撤退して、機をうかがって反撃もできる強力な造りです。私が大将なら……、師匠には最前線の西櫓を守ってもらいましょうか（笑）。

春　絶対イヤですよー！

春 ❻ さて、西の曲輪群を越えて二ノ丸にたどり着きました。この曲輪、妙に斜めですよね。建物とか建てるには不便なような？

千 これが北条一族の居城であれば、中心部の曲輪はきれいに整えたでしょうね。ですが、山中城は最前線基地なので、戦うために必要な設備さえあればそれでよかったわけです。

　そうだ師匠！　山中城は発掘調査成果の再現に面白い方法を使っています。発掘された柵や塀、建物の柱跡などを植栽に置きかえて展示しているんです。あの土塁の上に植わっているツツジも、なんと柵跡なんですよ（**6-2**）。

春 えっ、そうなんですか!?　静岡出身の僕は県花のツツジがたくさん植わっていて、静岡愛を感じるなあ、としか思っていませんでした。

千 あ、ツツジが静岡の県花なんですね。山中城、お茶を植えれば静岡らしくていいのにと、ずっと思っていました（笑）。

春 樹木を柵や柱に見立てて当時を想像するのは、お城初心者にはちょっと難しそうですね。

千 確かに想像力が必要です。

6

6-2

千 **7** この二ノ丸から南を眺めてみると……。

春 あ、岱崎出丸。思っていたよりもしっかり見えますね。合戦当時は樹木を伐採していたはずですから、岱崎出丸全体がはっきり見えたんじゃないでしょうか。

千 ええ、出丸が豊臣の大軍に囲まれ、陥落する様子も確認できたはず。城主の北条氏勝はその光景をどんな思いで眺めていたのでしょう……。

春 **8** さあ、本丸に着きました。先生、一段高くなっている場所は天守台と呼ばれていますが、山中城に天守はあったんでしょうか？

千 山中城の戦いで豊臣方の先陣を務めた渡辺勘兵衛（了《さとる》）が記した『渡辺《わたなべ》水庵《すいあん》覚書《おぼえがき》』（『続群書類従』収録）には、城内の要所には櫓門などがあって、勘兵衛たちがこうした高所からの射撃に苦戦したという描写があります。なので、天守ではないにせよ、高層建築物が立っていたのは間違いないでしょう。

春 他にも見どころはありますか？

千 そうですね……、本丸東側の堀（下写真）はぜひ見てもらいたいです。

山中城は城全体が整備されていますが、この堀は四百年前のものがそのまま残っているんです。整備された遺構と廃城後そのままの遺構。両方が楽しめるのが山中城の醍醐味といえるでしょう。

帰り道……。

春 今回、先生と山中城を一周して、改めて緻密に造られたお城だということを実感しました。北条氏の築城技術の粋が詰めこまれていて、芸術品と言っても過言じゃない。しかも、お城全体が整備されていて、その技術の高さがよくわかる貴重なお城だと思います。

千 ええ、中世のお城を整備して文化財として保存・活用する、という取り組みは全国で行われていますが、これを早い時期から行っていたのが山中城なんです。築城技術・歴史的な部分は言うまでもなく、山城の整備という点においても象徴的なお城と言えます。

春 秀吉の北条攻めという戦国史の中でも重要な戦いの舞台となったこともポイントですよね。発掘調査では合戦の痕跡は見つかっているんですか？

千 鉄砲玉などが大量に見つかっていますので、激戦が行われたことは確かです。一方で、北条・豊臣両軍で数千人の死者を出したことが記録されているにもかかわらず、発掘調査では人骨がほとんど見つかっていません。これは、豊臣軍が合戦後に敵も含めて戦死者をきちんと弔ったということ。合戦後に勝った側が敵を供養したという伝承や記録は各地に残っていますが、山中城はそれが発掘で証明されたお城なのです。

神奈川の城

小田原城《おだわらじょう》

民を守る決意を示す、圧倒的土木量の〝惣構〟に注目

国指定史跡・日本100名城
神奈川県小田原市城内
JR小田原駅から徒歩約10分

秀吉との籠城戦に三ヵ月も耐えた堅城

小田原城は十五世紀中頃に大森氏によって築かれ、伊勢宗瑞《そうずい》（北条早雲）が攻略した城です。宗瑞の子・北条氏綱の代に北条氏の居城となり、三代・氏康、四代・氏政がこの城で上杉謙信や武田信玄の軍を退けたことで、堅城として名を高めました。豊臣秀吉の北条攻めでも三ヵ月以上の籠城戦を耐えますが、支城の陥落で孤立し開城。北条氏滅亡後は徳川家臣の大久保忠世が入り、近世城郭に改修しました。

❶

千　戦国期の小田原城といえば、北条氏の惣構《そうがまえ》。城を城下町までぐるっと囲んだ土塁と堀のことで、豊臣秀吉の小田原攻めに対抗するために造られました。早速、小峯《こみね》御鐘《おかね》ノ《の》台《だい》から見ていきましょう！　いやあ、すごい規模ですよ！

春　これ、当時はもっと斜面がキツかったんですよね。これだけの工事ができるというところに、北条氏の国としての完成度がうかがえます。

千　惣構は住民の避難所にもなるので、周辺の村も工事や維持に関わっていたと考えられます。地域をあげた防災プロジェクトといったところでしょうか。北条氏の印判（公文書用の判子）に「祿壽應穩《ろくじゅおうおん》（民の命と財産を守る）」という印文がありますが、その考えに通じるものがありますね。

春　なるほど。これだけの惣構を造って守ってくれる殿様だったら、秀吉がどんなに強敵でもついていきたくなっちゃいます。それにしてもこの土木量はすごい。しかもここの堀切は三重なんですよね。

千　この小峯御鐘ノ台は尾根伝いに城外と繋がっているので、三

重堀切で厳重に守っているんですね。絶対敵を入れない！　という強い意思を感じます。

❷

千　続いて、稲荷森《いなりもり》の堀を見てみましょう。この堀も深いですね！　土塁好きの師匠は、堀の高低差を肴にお酒が飲めるんじゃないですか？

春　これはお酒が進んじゃいますね〜。堀底に下りると、より深さが実感できる。うーん、これを攻め上がるのは厳しいなあ……。

千　しかも、小田原の土は師匠が大好きな関東ローム層（赤土）ですからね。すべりやすいので堀を登るどころの話じゃないですよ。

春　赤土は本当にすべりますよね。この土があれば、石垣は必要ないと思

北条氏によって築かれた惣構は、現在も小田原市内各地に遺構が点在しています。堀や土塁はよく整備されていて見やすく、現地には解説板も立っているので、市内を散策しながらめぐってみましょう。町の中心には江戸時代に築かれた近世小田原城もあり、中世と近世のお城を一度に楽しめます。

（小田原市教育委員会『御用米曲輪発掘調査報告書』2016 年を元に作成）

います。しかも、稲荷森も山中城（50頁）と同じく、山腹に堀を掘っていますね。麓からは様子がわからず、登ったら敵が待ち受けているやつです。

千 ❸ さらに進んで山ノ神堀切です。この堀切も高所に造られていますね。

春 麓から堀を見せない……。徹底してるなあ。

春 ❹ 市街地の中にも惣構遺構は残っているんですよね。この蓮上院土塁《れんじょういんどるい》は街を歩いていると突然現れるので、ちょっとビックリしちゃいます。

千 うーん、住宅街にこんな立派な土塁が残っているなんて、奇跡的です！

千 ❺ 近世小田原城の北側にあるのが八幡山古郭《はちまんやまこかく》です。戦国期はこの曲輪が中心で今の本丸は副次的な空間だった、というのが通説ですが、近年この説が見直されています。八幡山古郭は詰城《つめじろ》（合戦時の拠点）的な軍事の中心で、政治や居住の中心は今の本丸だったのではと指摘されているのです。

春 なるほど……。城郭研究は発掘調査とかで日々新しい発見があって、既存の説もどんどん更新されていくので、とてもワクワクしますよね。

千 新発見で言うと、御用米曲輪《ごようまいくるわ》（**5-2**／提供・小田原市教委文化財課）がす

ごいですよ。近世小田原城の曲輪なんですが、そこから北条氏時代の庭園跡が出てきたんです。切石を使った石敷きのお庭で、これからどう整備されていくか楽しみです。

春　この石敷きを見ると、戦国関東では石の加工技術が遅れていた、というイメージが変わってきますね。やろうと思えば石垣は造れるけど、あえて土の城を選んだと考えるほうがしっくりきます。

帰り道……。

千　それにしても、惣構ってシンプルですよね。堀と土塁で大軍を防げるの？と疑問に思う人もいそうですが、攻め手としてはどう思います？　師匠。

春　惣構は町全体を囲っているのが大きいですよね。侍や足軽だけじゃなく住民も守り手になるわけですから。ここまで見てきたあの深い堀や高い土塁を越えた先に大量の兵が待ち受けていると思うと……、絶望しちゃいます。

千　うんうん、広範囲を守ることにも意味があるんですよ。惣構内に田畑を取りこむことで兵糧も確保できますし。一見、何かわからない設備も、視点を変えると意義がわかるのが、戦国の城の面白いところですね！

5

5-2

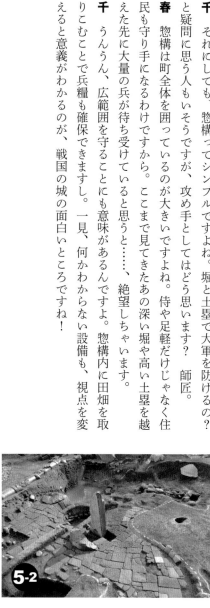

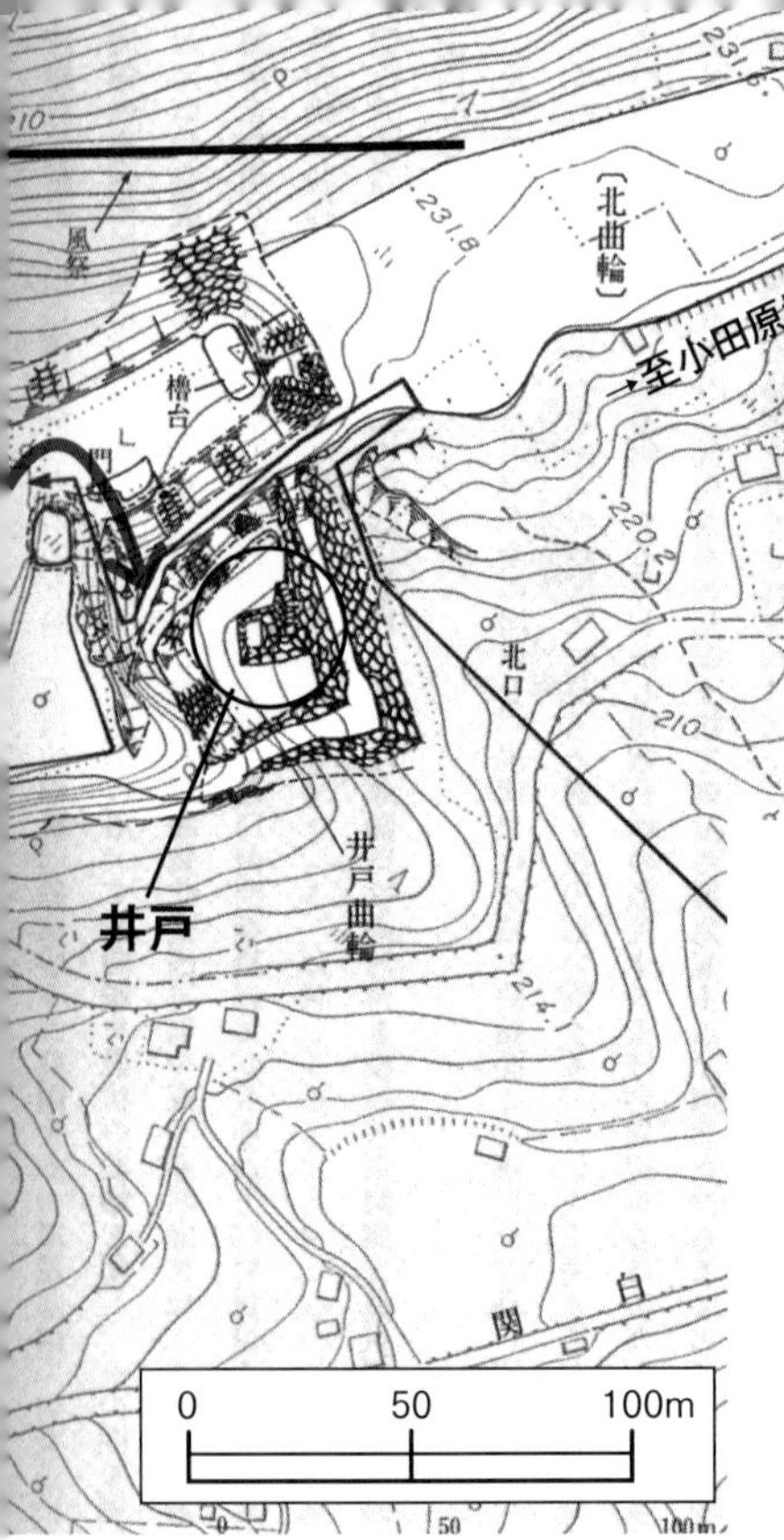

国指定史跡・
続日本100名城
神奈川県小田原市早川字梅ヶ窪地内
JR早川駅から徒歩約50分

神奈川の城

石垣山城《いしがきやまじょう》

西の雄、東に迫る。秀吉があえて見せつけた「石垣」

1590（天正18）年の北条攻めで豊臣秀吉の本陣として築かれた城です。秀吉はわずかな期間で総石垣の城を築き、北条軍の士気を下げたとされます。北条氏滅亡後は廃城となり、小田原藩によって保存されていましたが、関東大震災で多くの石垣が崩落してしまいました。（小田原市『小田原市史 別編城郭』を元に作成）

❶

千　秀吉が小田原攻めの際に造った総石垣の城が石垣山城です。これまで見てきた山中城、小田原城とは、ガラッと雰囲気が変わりましたね！

春　いやあ、全然違います。西国のお城を見ている気分。「豊臣の城はすごいんだぞ」って、北条軍だけじゃなく

東国全体に見せつけているようです。

千　実際、今見ている入り口の石垣は小田原城からは見えない位置にありますからね。北条軍の士気を下げるだけなら、ここに石垣はいりませんよ。

また、関東大震災で多くの石垣が崩れてしまいましたが、井戸曲輪には石垣がよく残っています。

春　日本一立派な井戸ですよね。どうしてここまでしたのか、謎です。

❷

春　石垣は崩れてしまってますすけど、天守台も立派ですよね。

千　天守台の手前あたりから玉石敷きの痕跡が出ています。肥前名護屋城《ひぜんなごやじょう》（豊臣秀吉が朝鮮出兵に際して拠点にした城）の本丸御殿跡も同じように玉石敷きなので、秀吉は石垣山城にもかなり本格的な御殿を造っていた可能性が高いです。

春 付城《つけじろ》（敵の城を攻めるための臨時の城）の定義がわからなくなってきました（笑）。

帰り道……。

春 先生、秀吉が石垣山城を築こうと考えたのっていつ頃なんでしょうね。短期間でこれだけ立派な城を造るのは、かなり無理がありますよ。

千 そうですね、まず、安全を確保しつつ城を小田原に見せつけられる絶妙の地を見つけること自体が難しいですよね。出陣前から見せる用の石垣の城を造ろうと考えて、場所を探っていたのかも。

春 北条側はおどろいたでしょうね。「短期間で石垣の城が現れた⁉」と。八王子城などで北条氏は石垣造りの大変さは知っていたはずですから。

千 相当な衝撃だったでしょうね。そう考えると、秀吉が城を樹木で隠して一夜城に見せかけたという逸話も、より衝撃を大きくする演出として本当に行われた……かもしれません。一夜城といえば、石垣山城の前にできた「一夜城ヨロイヅカファーム」（菓子職人・鎧塚俊彦さんが手掛ける、小田原産食材の料理やスイーツの店）が人気です。

春 元祖一夜城より人気なことがちょっぴり悔しいですけど、「お城もあるんだ、行ってみよう！」と、興味を持ってくれたら嬉しいですね。

第2章

各領主らの攻防

やっぱり巧みな〝縄張り〟

関東各所の領主たちが戦いに備えて
築いた巧みな城の数々。
山や丘、水辺など土地を活かした雄々しきその姿は、
誰もが思わず「上から見たくなる」!?

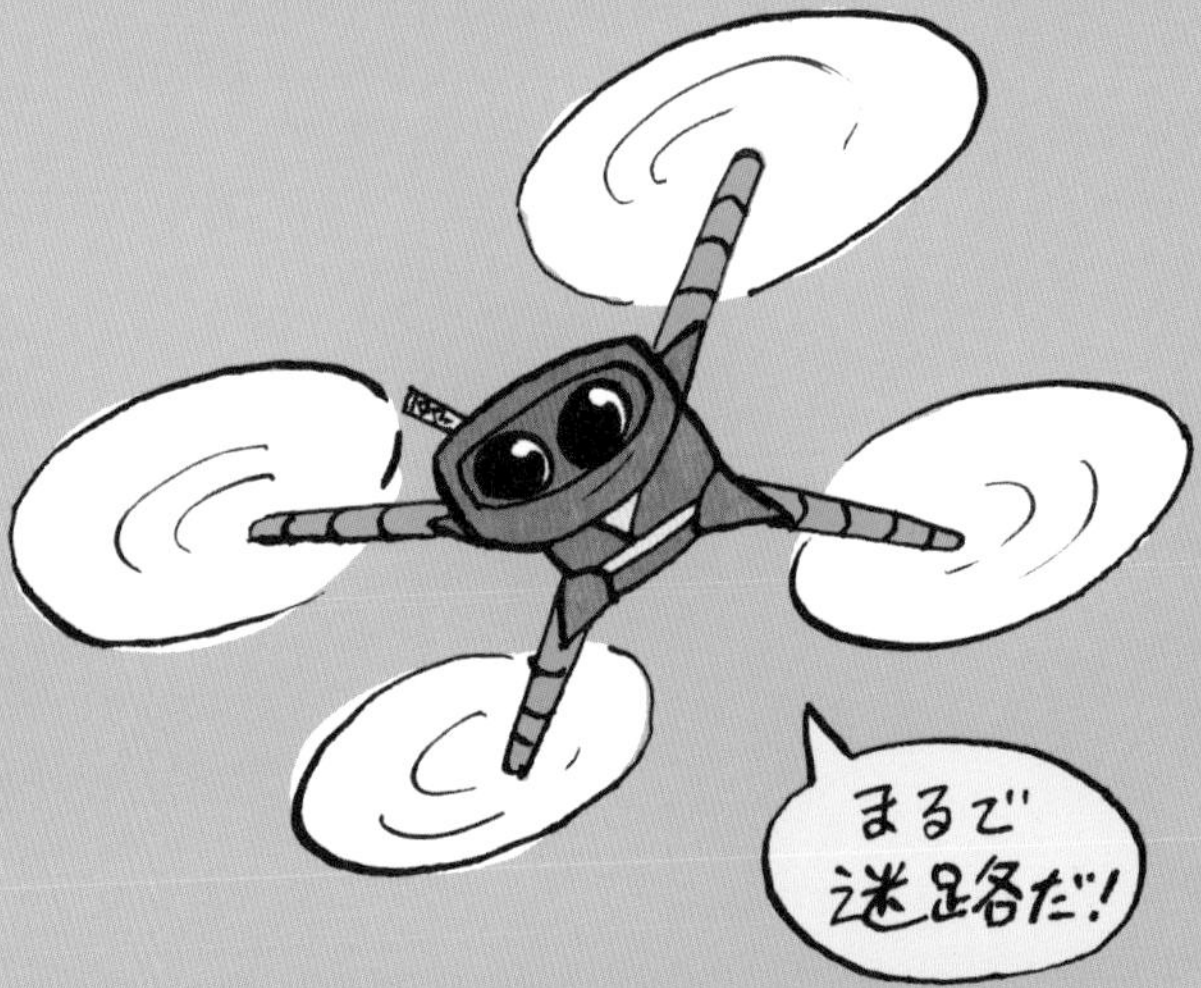

東京の城

深大寺城

じんだいじじょう

なめるな危険！
そこは堀底、やられるぞ

関東の新旧勢力がぶつかりあい、
〝戦うための城〟が目覚める

国指定史跡／9時30分〜17時（入園は16時まで）
月休／500円／東京都調布市深大寺元町2
京王線調布駅、つつじヶ丘駅、JR吉祥寺駅、
三鷹駅などからバス（深大寺下車）

深大寺城も創築の時期は明らかではありません。しかし古くからこの場所には城があったと思われます。現在残る深大寺城を築いたのは、関東管領《かんとうかんれい》上杉家が分立した扇谷《おうぎがやつ》上杉家の上杉朝定《ともさだ》でした。力を増してきた北条氏に対抗するため、一五三七（天文六）年に古城を改修して深大寺城を整えました。しかし同年、朝定は北条氏綱に本拠の川越城（埼玉県）を攻め落とされ、深大寺城も放棄したとされています。

一五四六（天文十五）年、川越城の奪還に燃える朝定は、連合軍を構成して北条氏の城となった川越城を攻め立てました。朝定率いる連合軍が圧倒的に有利で、落城も間近と思われましたが、北条氏康が援軍に駆けつけて、敵の隙を突いた夜襲によって連合軍を破り、大将であった朝定をも討ち取るという大勝をあげました。

深大寺城は上杉氏と北条氏という新旧勢力が激突した歴史を語りかける城跡であり、上杉朝定による改修時期が明確で、学術的価値の高い城といえます。（千田）

千 ❶ 深大寺城跡の探検は、都立神代《じんだい》植物公園水生植物園入り口からスタートです！

春 お！ 曲輪2の中に、そば畑が。深大寺といえば江戸時代から〝そば〟が有名ですね。深大寺小学校の生徒さんたちが伝統産業の学習の一環として、毎年、栽培・そば打ちをしているとあります。素晴らしい。

千 曲輪2には、発掘調査で見つかった掘立柱建物の跡も再現されています。

春 ❷ おや、土塁（a）が延びている。途中で切れているけど、かつては曲輪2を囲むように繋がっていたんだろうな。

千 そうですね。一九九五（平成七）年の公園整備で、元の遺構が多少調

城跡の北側には、古刹深大寺が。一帯は、城にとって大切な水＝湧水が豊富。そして東側の神代植物公園水生植物園も、湧水に起因する湿地です。敵の侵攻は難しく、要害性を有効に活用したとわかります。直下には野川《のがわ》が東流し、甲州街道をはさんで、さらに南へ行くと多摩川が流れます。見通しがよく、敵を迎え撃つにも絶好の場です。
赤のラインが、このたびの散策ルート。緑のドットラインが、敵が侵入してくるであろうルート。オレンジのドットラインは推定土塁跡。

縄張図
スタート
39.6
第一関門
守りたい側の土塁を、
より高く築く
曲輪3
第二関門
堀を進むと、
「土塁」の壁に
ぶつかる
曲輪2
50.1
a
b
c
50.3
水生植物園
曲輪1
48.7
敵の侵入経路
0
25
50m
第三関門
侵入口が、
いつの間にか
「堀底」に！
37.8
40
1
2
3
4
5
6
7
8
9
10
11

整されているかもしれませんが、土塁の残りはいいようです。

千 ❸ ああ、ここは複雑なことに！　土塁が二重（aとb）になっています。

春 堀底を歩く敵は、両側の土塁から攻撃され放題ですね。きっとbの土塁も、aの土塁と並行して、曲輪を二重に囲っていたのでしょう。前回は先生が「敵」役をやってくださったから、今度は僕が「敵」になります。

千 私は攻撃側で、写真に写りましょう。パチリ。ところでaとbの土塁を比べると、明らかにbのほうが高く築かれています。曲輪3よりも曲輪2というように、守りたいエリアの土塁をより高く築くんです。

千 ❹ うーむ。ここから先（南方）へは進めないですが、フェンス向こうに見える堀も、なかなかきれいに残っています。

春 だけどこの堀、土塁bにぶつかるようにして、写真左手（東方）へ曲がっていますね。敵が堀底を上がってきたときに、土塁bか

らの攻撃が容易になります。

千　単純に真っ直ぐ堀を延ばすのではなくて、ちょっとずらしているんですね！　うまいこと考えられています。

春　もしかしたら、敵が侵入してくると想定されていたルートは、縄張り図上の緑ドット線にあたるのではないでしょうか。入り口だと思って駆け登ってきた敵は、いつのまにか〝堀底〟を歩かされる羽目になる……。

千　うんうん、そうですね。この堀に入ったら、アウト。希望はありません。

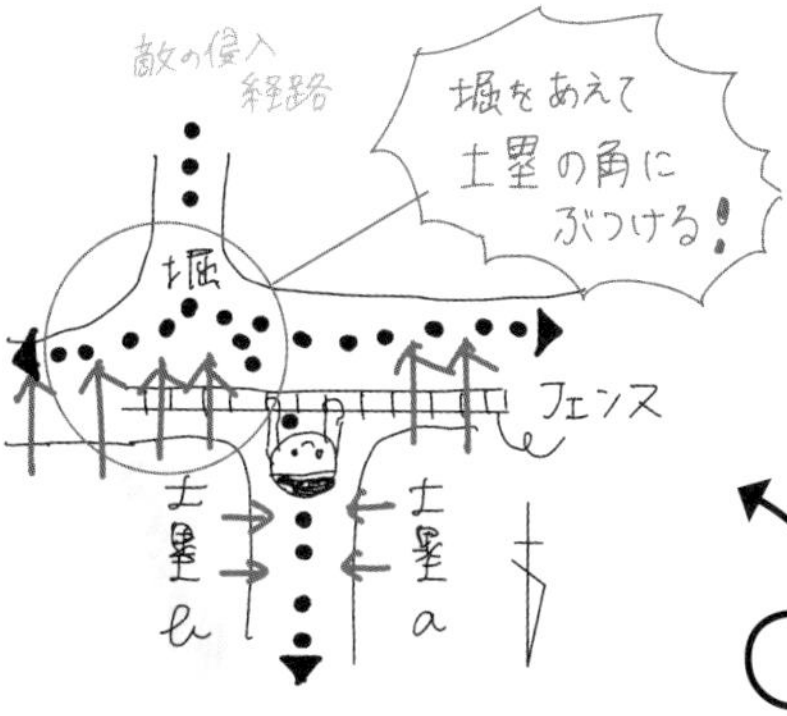

5

春　あれ？　いかにも「出入り口（虎口）です」という具合に穴が開いている！　以前、訪れたときは、ここまで整備されていなくて、虎口がとてもわかりにくかったんです。

千　本当だ。きれいだけど、ものすごく単純にされている（笑）。もう少しお城が複雑に発展してくると、入り口自体を枡形（15頁に解説）にするなど工夫が生まれますが、築城時（天文年間）には、未だそこまで技術が至っていないということですね。

春　軽く説明看板があるといいですね。なんでここだけ、ぽっかりと開いているのかわからないですもんね。「こんなので守れるの？」という感じ。

千　そうですね。この虎口横の土塁からも、堀底の敵に対して〝横矢〟が掛けられます。先ほどの曲がり角しかり、敵はそういう辛い道を、延々と歩かされているわけです。

6

春　緑がうっそうとしているところ（写真左手）が、城の要となる曲輪1ですね。

7

千　曲輪1の入り口は、土橋になっています。滝山城や、八王子城なんかに比べても、堀の規模が小さいですね。説明看板には、本来は四メートルほどの深さがあったけれど、これをだいぶ埋め戻して

5

保護していると書いてあります。

8

春 縄張り図を見ると、ここ（写真**8**）が、ぼこっと出ています。ここから、土橋を渡ろうとする敵に対して、軽く横矢をかけているんでしょう。

千 本当だ、何かすごいものがある……と思っているうちに、師匠が櫓台の上に！

春 そこに登れる山があったから、登ったのであります（笑）。だけど草木が茂りすぎて、ここからは何も見えない……（笑）。

千 残念！　だけど、ここがグッと高くなっていることだけは、わかります。やはり、櫓台だったんですね。それに、堀に対して、ものすごく張り出しています。

6

7

よくできているな。

春　下の堀が少し見下ろせますが、高低差がすごい。それに、櫓台下の堀は、いちいち角、角、と曲げられています。滝山城の〝悪魔のクランク〟と同じ原理で、角をつくることによって、渋滞を起こし、土塁上から攻撃しやすくするんですね。

千　そうですね。深大寺城でも、工夫されたところです。

春　❾そうだ、堀底へ行ってみましょう。おお！　これまた、すごい。

千　これはすごい、すごい。

櫓台を見上げると、かなり高さがある。いい場所見つけましたね（笑）。私、櫓台に登る中腹に行きますから、そこから師匠を攻撃してみましょうか。いやいや、実は私たち、先ほどから「デートができる城」って軽口たたいていたのですが、曲輪**1**まで来るとデートなんかできないですね（笑）。だまして連れてくる城かもしれない。「ほら、きれいでしょ、これは土塁だよ」なんて言って。

春　「こんな所に連れてきて、わたしに何するつもり！」ってね（笑）。

10

千　おや、曲輪**1**の中には、不思議な土塁がありますね。

春　一つの曲輪の中で、区画を分けているんでしょうか。奥のほうが偉い人の部屋、というように。

千　ほんとだ！　師匠のおっしゃる通り、曲輪の南側――すなわち写真でいう私が立つほうが、少し低くなっています。このわずかな落差にも意味があるんです。より偉い人を守らなければいけない。だだっぴろいだけの曲輪内の使

い方に、わずかな土塁が意味をもたらすという。

春　主郭1、主郭2、というように区画ができるんですね。

春　**11**　おお、すごい。ここ、虎口になっているのかな。下に、さっきの堀の続きが見える。あそこを敵に歩かせて、土塁上からやっつけるんでしょう。

千　今も正しく、堀のところが境目になっているのがいいですね。航空写真を見ると、もう一段、帯《おび》曲《ぐる》輪《わ》があるはずなのですが、今は削られてなくなっています。

千　**12**　せっかくだから、城跡横の水生植物園へも立ち寄りましょう。深大寺城は湿地帯に囲まれていました。よく合戦の記録に、馬が深田に足をとられて、モゴモゴしているうちに討たれた、などと書かれていますが、「湿地帯」や「深田」という

昇太師匠
11

12

ものは、お城を守る要素としてとても有効です。湖や川とは違って、沼は船も使えず、歩いて渡ろうとすればズブズブになってしまう。

春 関東のお城は、湿地帯に立つものが多いですね。

千 そうですね。それと深大寺城は南側に野川と甲州街道と、そして多摩川が流れ、交通の要所でもあります。

帰り道……。

春 意外と深大寺城は、すごい。縄張り図で、土塁がある、櫓台がありそうだ、というようなことはわかっても、やはり実際に歩くと、構造の〝すごさ〟が体感できます。

千 この城の築城年代は、一五三七（天文六）年でしたね。戦国前期にしては「櫓台」を設けるなど、なかなかの技術でした。この時代は、たとえば織田家でいうと、信長の父・信秀が活躍する時代です。武田家も父・信虎の時代ですが、そろそろ信玄も活躍し始めた時代。ああいった地域ごとに巨大な大名が現れ始め、国の取り合いを開始する時代の幕が、切って落とされた頃です。

春 〝日本〟がまとまり始めた時期。細かい単位の領主がたくさんいたものが、県単位になろうとする、そのちょっと前くらいの時代でしょうか。

千 そう。村のお殿様のお城、みたいなものを超えた、こういう深大寺城のような城が現れ始めてくるわけです。二〇〇七（平成十九）年に国の史跡になりましたが、こういう城は本当に価値があります。北条氏は、急に築城がうまくなったわけではない。どんどん勝ち残って、築城の技を吸収していったからなのだと、よくわかる。この時代に石垣などありませんし、堀を掘って土塁を盛り上げて、という素朴な造り方でしたが、もう少し工夫すれば、後に造られる勝沼城や、滝山城、八王子城のようにレベルアップしていく、とわかるのがいい。

春 けっこう関東は、昔から〝ドンパチ〟やっているから、こうした技法に長けた人がいたんでしょう。そういう技を北条氏は取り込んで、いいとこ取りの〝城名人〟みたいになったわけだ。〝北条の城〟の原点、ここにありです。

東京の城

勝沼城《かつぬまじょう》

地味に見えるが
新旧の技がきらり

城は丘陵の東端に位置し、
さほど高い山ではないが眺望は良好です。
南方 250 メートルほどを霞川《かすみがわ》が東流し、
前衛を成していました。
現在は「吹上《ふきあげ》しょうぶ公園」である城の北側は、
谷戸《やと》に湿地のため、要害性に優れていました。

都指定史跡
東京都青梅市東青梅 6
JR 東青梅駅から徒歩約 10 分
（光明寺前交差点近く）
見学目安 約 1 時間

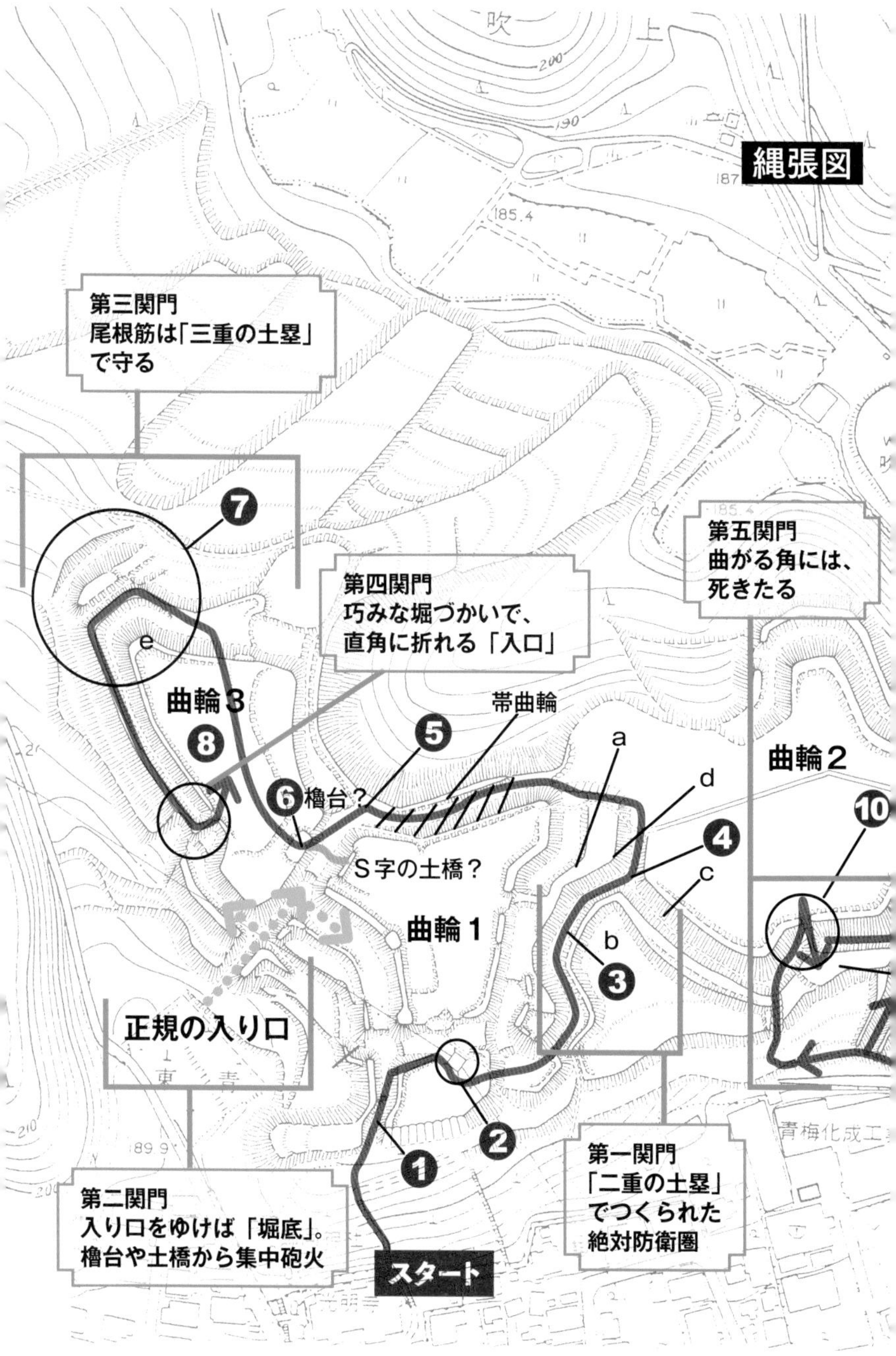

縄張図
第三関門
尾根筋は「三重の土塁」で守る
第四関門
巧みな堀づかいで、直角に折れる「入口」
第五関門
曲がる角には、死きたる
曲輪3
曲輪1
曲輪2
帯曲輪
櫓台？
S字の土橋？
正規の入り口
第二関門
入り口をゆけば「堀底」。櫓台や土橋から集中砲火
第一関門
「二重の土塁」でつくられた絶対防衛圏
スタート
青梅化成工

巧みな堀づかいに漂う
勝者 北条氏の技

勝沼城は、戦国時代にはこの地域に力を持った三田氏の城として、使われていたと考えられます。築城に関する詳しい史料は残されておらず、創築時期ははっきりしません。城主の三田氏は戦国期に小田原の北条氏に従い、一五五九（永禄二）年に作成された北条氏康の家臣たちに諸役を賦課するためのリスト『小田原衆所領役帳』には「三《み》田《た》弾正《だんじょう》少弼《しょうひつ》」の名が記されています。

ところが長尾景虎（のちに上杉政虎、さらにのちに謙信）が関東に出陣してくると、三田氏は北条氏康を見限って景虎（謙信）に味方しました。関東管領となった景虎に勝機があると見たのでしょう。しかし関東で北条氏康と戦い、川中島で武田信玄と戦っていた謙信は関東に常駐できず、上杉軍が越後に撤退すると、たちまち北条軍の攻撃を受け、勝沼城は一五六二（永禄五）年までには落城し、三田氏も滅亡しました。

その後、勝沼城は北条氏によって改修が進められ、今日の姿ができたと思われます。城跡には三田氏時代のやや古い構造を残した部分と、北条氏によって改変された新しい部分の両方が認められ、たいへん興味深い遺構となっています。（千田）

千❶ 今日は二人とも初めて訪れるお城です。まず、位置確認をしないと。城下は宅地開発が進んでいて、曲輪1の南側は形を留めていないようです。もしかして、もう本丸と思しき場所に来てしまったのでしょうか……。

春 縄張図を見てみましょうか。お寺の横を登って墓地があったから、どこかに鉄塔があるはず……。

春❷ あった！ 鉄塔です！ やっと位置がつかめました。

千 お城ファンにとって鉄塔など現代の産物は邪魔なようにも思えますが（笑）、こうして地図に描かれているおかげで、散策の目安になることが多いんです。

千❸ さて、曲輪1の横にある堀を進んでいきましょう。あれ、おかしい。そろそろ土橋にたどり着くはずですが、見当たりません。

2

1

……って外だ、外ですよ、師匠。写真右手（縄張り図a）が曲輪1そのものと思っていたら、土塁ではないですか！　これを乗り越えないと曲輪1には行けません！

春　ええ！　すごいな。堀が「二重」ということですか。しかも、深大寺城と同じで、いつの間にか堀底を歩かされている、という仕掛けじゃないですか。守り手は、敵に対して両側の土塁から攻撃ができるというわけだ。しかも直線でなく、角、角、と曲げることで渋滞も起こしやすいし、横矢（敵の側面からの攻撃）が容易ですね。そして、縄張り図b側は、緩い傾斜になっています。

千　元の地形はだらだらと（傾斜）しているので、堀をビシッと入れてお城を整えているんです。もしかしたら、わざと、登りやすい緩斜面を放置しているのかもしれません。これは、〝罠〟かも……。

春　「さあさあ、こちら側からお越しください」と。ようやく登りきっても、そこにはもう一つの堀が待ち構えている。

千　そう、まるで「ゴキブリホイホイ」状態です（笑）。しかも、万が一堀底を進めたとしても、その先に未来はないようです。縄張り図cのほうから来る堀とぶつかるところは……。

春 **4** 土塁の〝角〟にあたりますね。僕がいる土塁の上（縄張図d）から、矢でも槍でも攻撃がたやすい。

千 うーむ、本当によく練られています。この城の設計者は実に賢い。

5

千 さて、曲輪1の北側は、どうなっていますでしょうか。お、やってますねー。

春 やってますねー（笑）。深い谷の手前に、土塁とまではいかなくても、帯曲輪のようなものがあります。

千 谷からは容易に攻められ

ないでしょうから、帯曲輪で済むわけです。一方で、先ほどの、二重の土塁エリアは、絶対防衛圏として造り上げていた。ここから敵が来るに違いない、という強い意識を感じました。

春　先生、縄張り図には、曲輪3と曲輪1の間に「櫓台」があると書かれていますよ！

千　お、行ってみましょう！

6

春　やや、ここは繋がっていたのでしょうか⁉

千　どういうことですか！　これは。

春　いやあ面白い！　もしかして、曲輪3の櫓台から、曲輪1に向かって土橋が架かっていたのでは？　しかも八王子城と同じように、真っ直ぐではなく、わざとS字に曲げているようです。万が一、土橋を渡ってこようとする敵がいても、角を造れば渋滞が起きて、櫓台からの攻撃がたやすいですから。

千　本当に芸が細かいですよ、師匠。実は、写真6の右手は〝正規の入り口〟に繋がっているんです（縄張り図・緑のドットライン）。やはりここでも、敵が入口を進むと自然に「堀底」へ誘導されてし

まいます。しかも、曲輪3と曲輪1の間は素直に通さず、わざと一段盛り上げて「土橋」にしているんです。櫓台もあるし、攻撃は万全です（左図参照）。

春　こういう細かい遺構が残っている、というのがいいですね。

千　巧みな堀づかいに、思わず涙が出ます。おや、縄張り図には、曲輪3の端に「三重の堀」があると書かれています！　師匠、見に行ってみませんか。

春　素敵な予感がします。行ってみましょう。

7

千　うそ、すごい。やりすぎ。土塁、堀、土塁、堀と入念な構造になっています。しかも堀が深い！

春　なに興奮しているんですか、先生（笑）。これはすごいな、こちらの尾根筋を防御しているん

ですね。やはり「絶対に通すまい」、という強い決意が感じられます。

千　本当に。尾根は、城内と同じ高さから緩やかに登っているので、いかにも敵から狙われそうです。縄張り図ｅの部分は〝少し高くなっている〟と書かれていますが、「塹壕《ざんごう》」のようなものでしょう。そこに身を隠しながら、土塁を越えようとする敵に対して、攻撃ができます。

春　万が一土塁を越えたやつは、堀底を歩かざるを得ないわけです。ちょいと攻撃されてみますか（笑）。

千　私は、土塁の上を進んでみましょう。いつもこんな場所を探検するなど危ないとお思いでしょうが、お城って、平地よりも「端」が大切なんです。ですから、時に木の根っこの隙間に土が被さっていると気づかずに、ずぼっと足が抜けてしまうこともあります。蜂に刺されたり、蛇がいたり、北海道のほうに行くと熊に遭遇することもある。あまり一人で行かないほうがいいですね。

春　付き合ってくれる友達がいるかどうかが問題です（笑）。今日

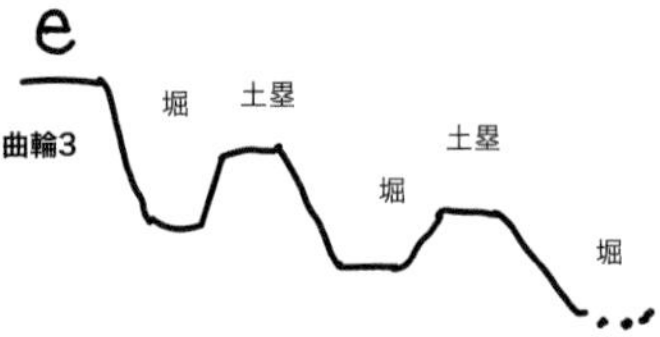

は、気の合う仲間がいて、安心です（笑）。

❽ **千**　やってまいりました。ここは、曲輪3の正式な出入口です。そしてここにも、「地獄の仕掛け」が待ち構えているのです。（91頁の図）を見てください。そう、入口の手前に「堀」を造って、土塁をグッと直角に曲げています。ここが、絶好の撃退ポイントとなるのです！　ちなみに写真は、曲輪3の上から土塁を見下ろした様子です。

春　前も横も堀――つまりは谷だから、敵は逃げようがなくなる。後ろを振り返っても、土塁の道幅は細いので、「一列」にならざるを得ない。すると、曲輪3の上から、より攻撃がしやすくなるというわけです。知能犯ですね。立川で起きた国内最高額六億円の強盗事件だって、この城にお金を置いておけば、守りも固くて盗られずに済んだかもしれないですよ（笑）。

❾

千　縄張り図Ａの出入り口からも、登ってみましょうか。おや、道が二手に分かれました。右手の道を行ってみましょう。ぐんぐん進んでいくと……。師匠！　「角」が出現しました！　やはり道は、そのまま「堀底」になって、角にぶつかっています！　おそらく、上には櫓もあったのでしょう。

春　僕のいる曲輪**2**の高台から、そして櫓から、二方向で攻撃ができます。横矢――格好良く言えば、滝山城でも八王子城でも頻用された「クロスファイア」（十字砲火）戦法です！　教科書的ですね。

千　お城好きを泣かせます。つくづく、「堀」の回し方がうまい！　これは、先ほどの道を左手に進んでも同じこと。結局は、角にぶつかる羽目に。

春　「登り口には、いつも角を」ですね。

千　その通り！　「曲がる角には、死きたる」です（笑）。

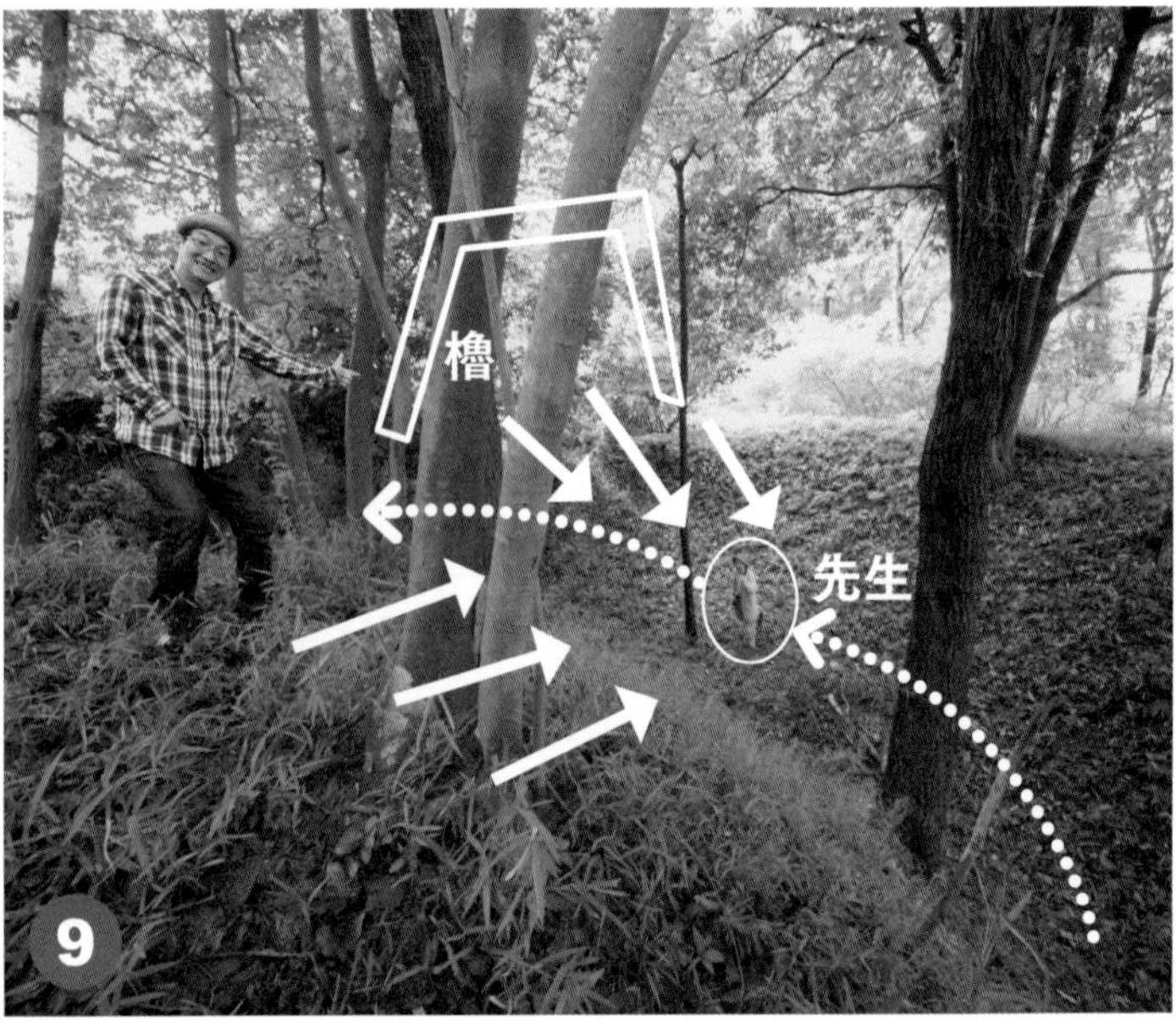

10

春 先生、ここ、ここ！

千 おお！　これは明らかに「土橋」です。そうか、このあたり、複雑な道の造り方をしているのは、このためか……！　恐れ入りました。

春 入り口から来た敵が、二手に分かれて進むことができたとしても、最終的には、土橋に邪魔をされてしまいます。しかも、万が一、曲輪2の対岸にある高台を敵に占拠されても、土橋という狭い道を渡らなければ、曲輪2には行けません。渡ろうとする間にも、曲輪2から、ずっと攻撃を受けつづけることに。

千 高台を守る人も、万が一のときは土橋から曲輪2へ戻ればいいのだから、安心です。うまいなあ。

11

春 それにしてもこの高台、中途半端な「馬出し」という感じですね。

千 もう少し区切りを入れて、独立させれば、完璧な馬出しになるのでしょう。まだそこまで技術が至っていないという。城造りの変遷という面から見ても、非常に興味深いですね。

帰り道……。

春 先生、ものすごく面白いお城でしたね。

千 予想以上。驚きました。とてもよく、遺構が残っていましたね。

春 木々が多くて、せっかくの見せ場がわかりにくいのが残念でした。

千　植物観察に来ている子どもや、ハイキングをしているご年配の方とすれ違いましたけれど、今いる城跡が、どれだけ技巧的に造られているかということを教えてあげたかった。ちなみに勝沼城は、もともと三田氏のものでした。一度落城しましたが、その後、北条氏の手で改修されたはずです。

春　とても巧みで、いかにも「北条氏」という感じがしました。

千　それほどすごい道具立てではないのに、「堀」の入れ方が、とてもうまい。初めは、お寺横の入り口を登ったら、すぐに主郭（曲輪**1**）があったので、「もう要の場所に到達しちゃった?!」と拍子抜けしてしまいましたが。

春　入り進んでみたらもう……。いきなり「堀底」ですもんね。

千　敵からしてみれば、一般的な道から上がってくれれば、いきなり「堀底」。そして、一般的でない道を攻めようとすれば、なんと「土塁」が二重で守っているというわけです。城主は、どこから攻められても、安心です。

春　曲輪**3**の防御も、重厚でした。尾根に接している城の背面は、絶対に守ってやる、という意志を感じた一方で、曲輪**1**の緩斜面は、あえて「こちらからお越しください」と言わんばかりでした。ただ曲輪の出入り口（虎口）は、まだそこまで工夫されていませんでしたね。

千　そうですね。「馬出し」も不十分な形でした。北条氏の三田領侵攻は永禄の頃（一五六〇年初め）と言われていますので、北条の築城技術も途上にあることがわかりました。この後、滝山城、八王子城というように、北条の技は、ますます発展を見せるのです。いやあ、それにしても、縄張り図だけ眺めていても、このすごさは、なかなかわかりませんでした。来て、見て、初めて、「スケール感」が実感できました。なんでしょう、「付き合ったら素敵な人だった。もっと地味な人だと思っていたのに」というか。

春　「こんな場末のバーに、こんなに魅力的な人がいたなんて」ということですね（笑）。

埼玉の城

杉山城

すぎやまじょう

謎多き城の巧妙な縄張り

標高約99mの丘陵の最高所に本丸を置き、北・東・南に多数の曲輪を配置して守っています。城全体に横堀をめぐらせ、曲輪の塁線（曲輪を区画するライン）には屏風《びょうぶ》折《お》れ（塁線を何度も曲げる）を多用。さらに虎口前には狭く屈曲した通路を設けるなど、敵を横矢（側面攻撃）掛りで撃退することを徹底した、巧妙な縄張りが特徴です。

（嵐山町『杉山城跡 第1・2次発掘調査報告書』2005年を元に作成）

国指定史跡・比企城館跡群・続日本100名城
埼玉県比企郡嵐山町杉山614
東武東上線武蔵嵐山駅から徒歩約40分
見学目安 約1時間

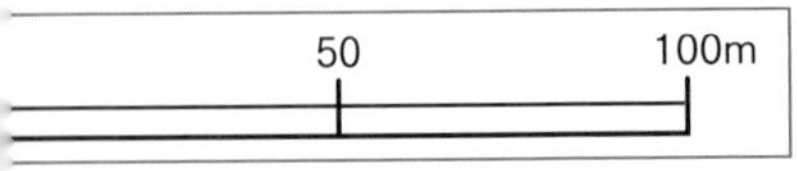

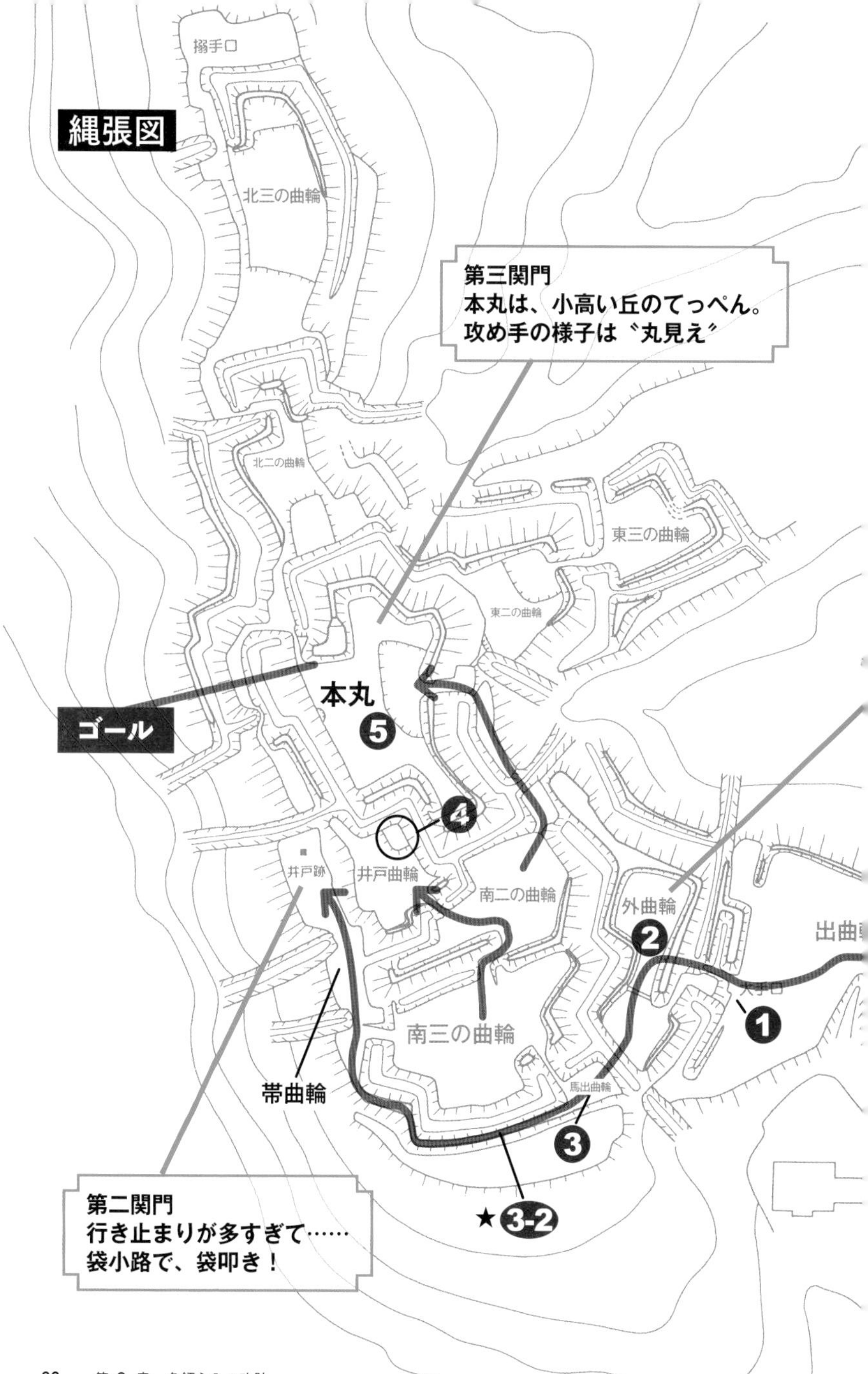
縄張図
搦手口
北三の曲輪
第三関門
本丸は、小高い丘のてっぺん。
攻め手の様子は〝丸見え〟
北二の曲輪
東三の曲輪
東二の曲輪
本丸
5
ゴール
4
井戸跡
井戸曲輪
南二の曲輪
外曲輪
2
出曲
大手口
1
南三の曲輪
帯曲輪
馬出曲輪
3
第二関門
行き止まりが多すぎて……
袋小路で、袋叩き！
★3-2

すごすぎて……名も知らぬ築城家の意地の悪さが露呈

比企丘陵に連なる尾根に築かれた山城。麓には市野川が流れています。周辺には多数の城館跡が残っており、二〇〇八（平成二十）年に菅谷《すがや》館《やかた》、松山城、小倉城《おぐらじょう》とともに「比企《ひき》城館《じょうかん》跡群《あとぐん》」として国指定史跡に指定されました。非常に発達した縄張りを持ちながら文献資料にはほとんど記述がなく、築城者・築城年代ともに不明です。

千 ❶ 縄張りが非常に巧妙で、遺構もよく残っているため、お城初心者にもオススメなのが杉山城です。師匠はもちろんこのお城、攻略済みですよね？

春 杉山城は僕の大好きなお城のひとつです。少なくとも五回は登城していると思います！

千 では、さっそく大手口から登城しましょう！　杉山城は曲輪の

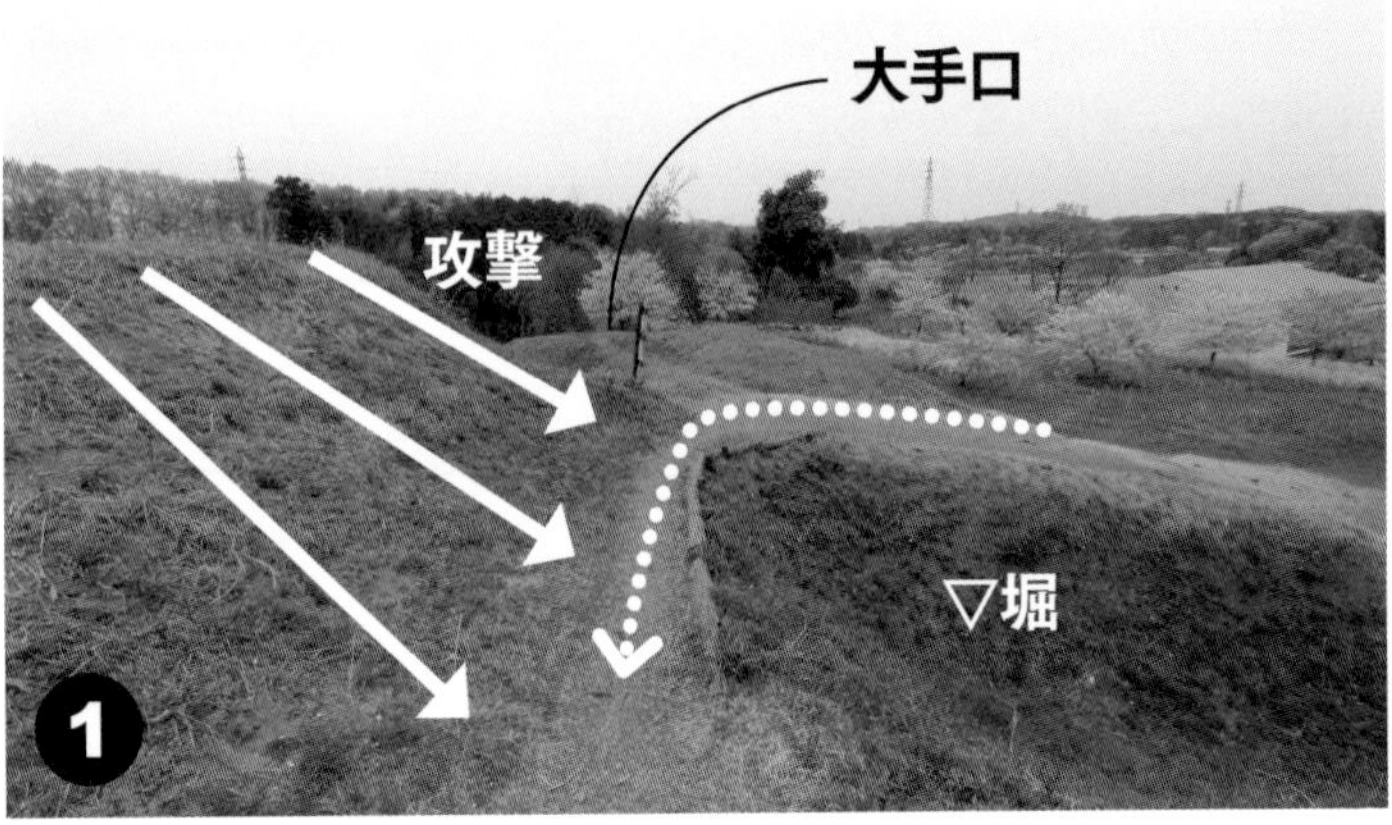

周囲に堀をめぐらせて敵の侵入路を絞り横矢を掛ける、という防御方法を徹底していますが、この大手口も出入り口（虎口）の左右から横矢を掛けられるようになっています。殺る気満々です……！

春　写真右側から張り出している堀がいいですよねー。この堀があることで出入り口前の通路が狭くなって、敵の進入速度が遅くなり、しかも一列縦隊にならざるを得ない。

千　そして、順番に狙い撃ちされていくんですね……。

❷

春　どうにか出入り口の射撃をよけて、外曲輪に入れました……。

千　この曲輪から南二の曲輪のほうを見ると、素晴らしい屏風折れが見られます。曲輪の塁線を何度も折って死角を減らし、どこからでも横矢が掛けられるようになっています！　でも、ここまで横矢掛かりにこだわっているのに、堀の幅はあまり広くないんですよね。

春　確かに、鉄砲なら堀の外側から撃っても届きそうな距離です。

千　鉄砲戦をあまり想定していないように思えますね。

❸

千　外曲輪からいったん堀切へ下りて、馬出曲輪《うまだしくるわ》に入りましょう。

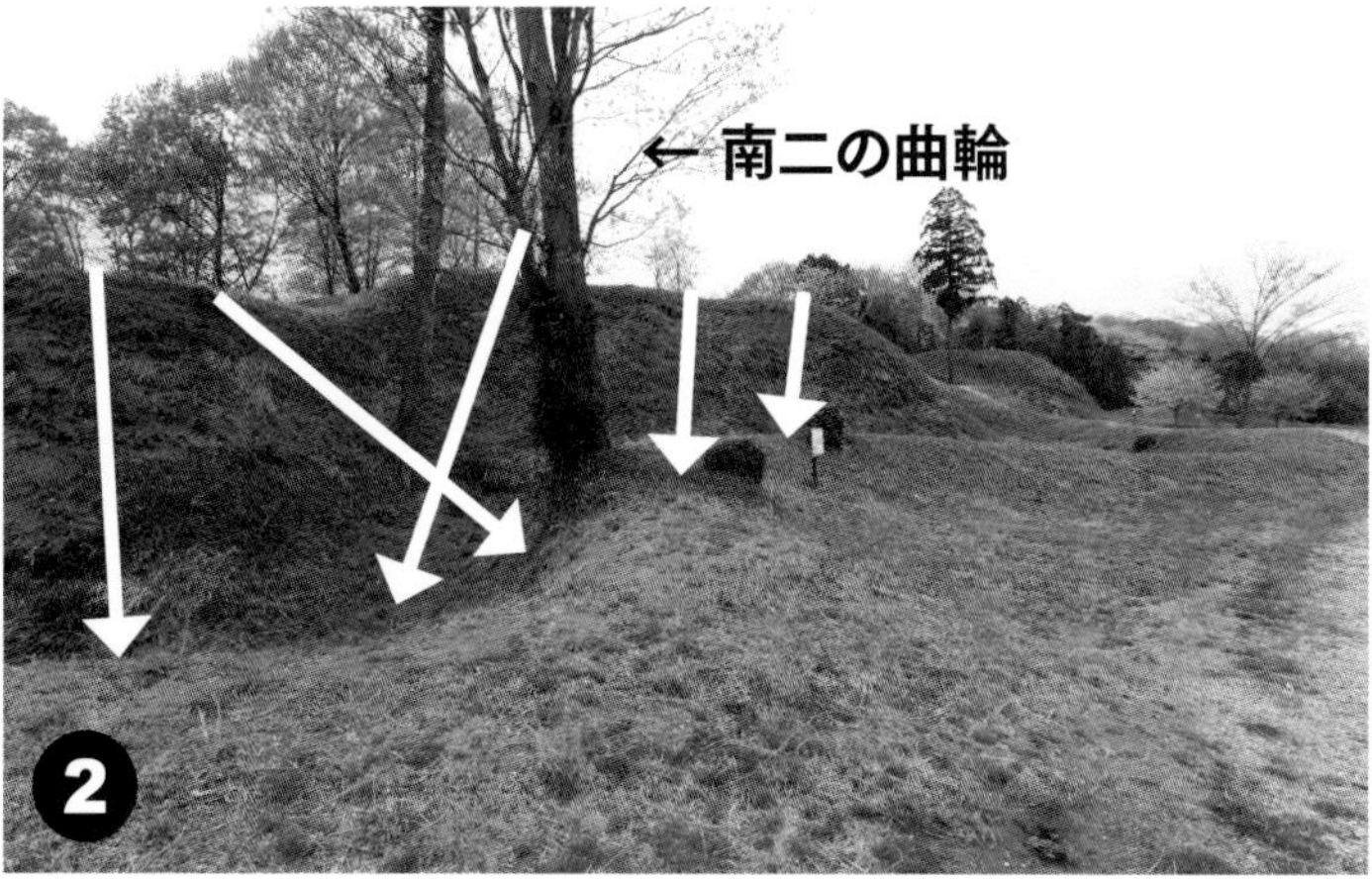

この曲輪からは南三の曲輪が見えますが、南三の曲輪の屏風折れもまた素晴らしいですねえ！

春　南三の曲輪に入る出入り口も横矢を掛けていますね。僕、この出入り口左手（西側）の堀と平行する土塁（写真と縄張りの上の★）が好きなんですよ〜（**3-2**）。馬出曲輪から「ここから本丸に行けそうだ」と思って土塁上を進んでいくと、その先は帯曲輪で行き止まりなんですよね。しかも、土塁を進んでいる間は、南三の曲輪からずっと攻撃されつづける。この土塁に上がっちゃったら、帯曲輪の行き止まりか、南三の曲輪の出入り口のどっちかに行くしかない。

千　杉山城は「ここなら先に行けそう！」と思って進んだ道が行き止まりで、城兵の待ち伏せポイントになっていることが多いですよね。この城の縄張りを考えた人はとても頭が良いけど、とっても性格が悪かったんじゃないでしょうか。

4

千　ようやく南二の曲輪に入ると、目の前に本丸が現れます。

春　でも、ここで道を間違えて西の井戸曲輪に入ってしまうと、また行き止まりなんですよね。しかも、本丸側はほぼ直角の屏風折れ

になっていて、十字射撃を浴びちゃう。踏んだり蹴ったりです。

千　本丸と井戸曲輪は、平時は木橋で繋がっていました。……が、合戦になるとこの橋は落とされ、本丸から一方的に攻撃できるようになるわけですね。

5

千　やっと本丸に着きましたね〜。本丸から大手方面を眺めてみると、執拗に屏風折れを造って横矢を掛けているのがわかります。

春　本丸から攻城軍の動きが丸見えなのが怖いですよね。ずーっと上から狙われつづけているんですよ。僕が攻城方の足軽だったらこの城に近づくのすらイヤです。

千　最後に、城の東側（東二の曲輪、東三の曲輪）と北側（北二の曲輪、北三の曲輪）を、縄張り図で見てみましょうか。これら城の外側の曲輪は中心部と異なり、自然地形が残っているんです。未完成だったのか、それとも最低限の整地に留めたのかは、謎です。

春　東側の曲輪は広いしなだらかで、平和的な感じがします。日当たりもよさそうだし、僕ならここに奥方の部屋とか造りますね。

千　えー、ここ傾いてるから、奥方かわいそうですよ（笑）。

帰り道……。

春　杉山城はコンパクトながら、パーツの一つひとつまで気を配っている、高級寿司店みたいなお城ですよね。

千　さすが師匠、面白いたとえですね！　先ほど、杉山城の縄張り担当者は性格が悪いと言いましたが、本当に築城について研究を重ねた人でもあると感じました。そんな意地の悪い縄張り達人が、お家の戦略などのしがらみに囚われず、ただ強い城を造ることだけ考えて設計したようにも思えます。

春　お城ファンの中では、縄張り研究のために造られたんじゃないか、訓練基地だったんじゃないか、なんて見方もあるくらい、完成度が高く謎めいたお城ですね。

千　訓練基地ですか……。師匠だったら杉山城をどう攻めます？

春　城中に入ったら大損害は確定なので、大軍で包囲して兵糧攻め一択です！

千　確かにそれが最適解だと思いますが……、身も蓋もないですねえ（苦笑）。

茨城の城

小幡城

おばたじょう

屈曲した深い堀は「巨大迷路」のごとく

町指定史跡
茨城県東茨城郡茨城町小幡
JR 石岡駅から関東鉄道バス「新小幡」下車、徒歩約 20 分
見学目安 約 1 時間

城は汽水湖（海岸付近にあり、海水の影響で多少塩分を含む湖沼）として知られる涸沼《ひぬま》から延びる谷津の奥に位置しており、かつては低湿地に囲まれた半島状の台地に築かれていました。十五世紀、大掾《だいじょう》氏による築城という伝承が残りますが、はっきりしていません。戦国時代に入ると、常陸は大掾氏、小田氏、江戸氏などの領主が割拠しており、小幡城はそれらの勢力の境目の城として利用されました。その後、佐竹氏が常陸の領主となり、廃城になったと考えられます。

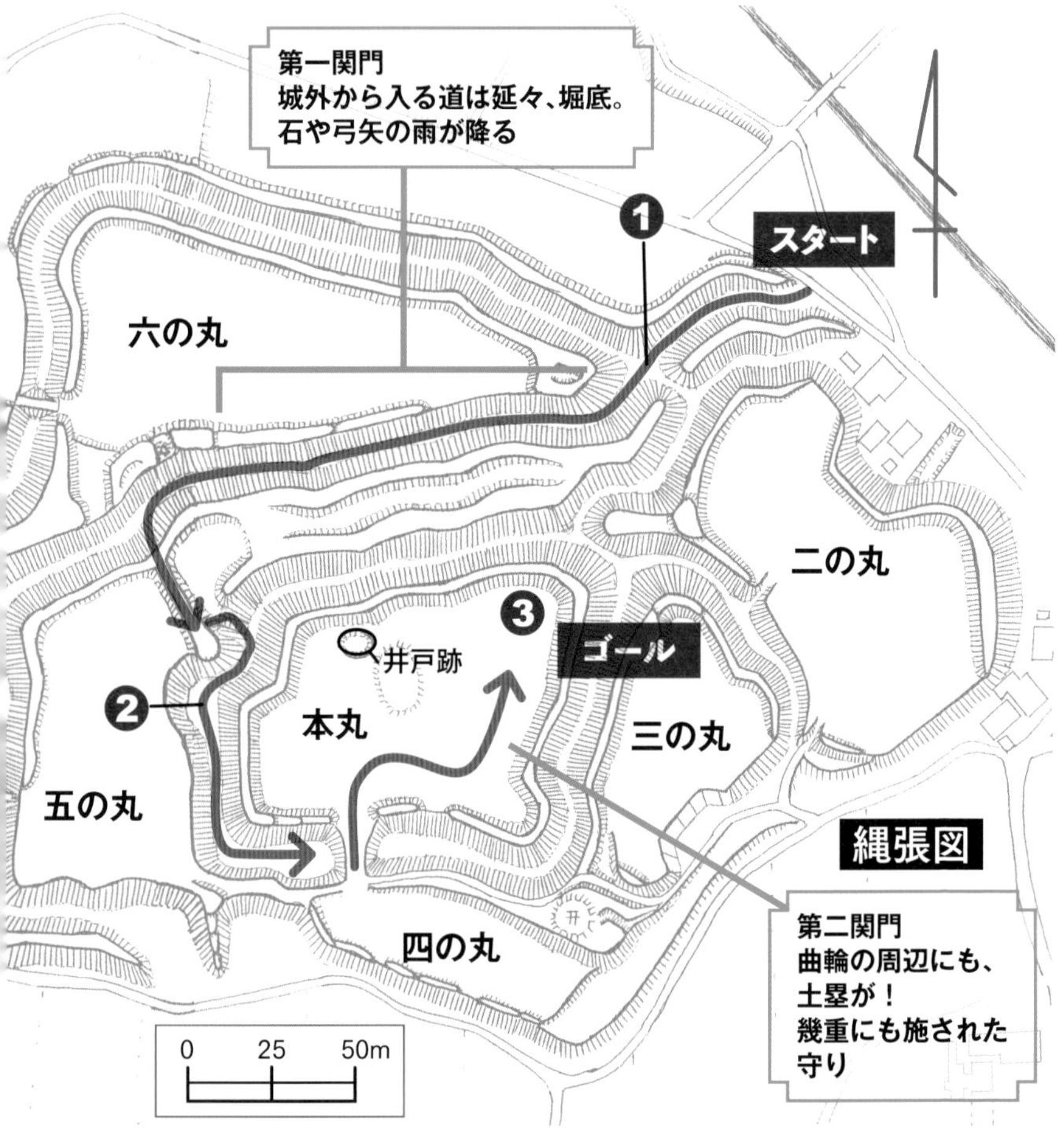

主要な６つの曲輪を取り囲むようにして、横堀が縦横無尽にめぐっています。堀は先が見通せないように折れ曲がっており、また分かれ道が何ヵ所もあるため、まるで迷路のような構造です。迷子にならないように注意しましょう。

（余湖浩一作図を元に作成／縄張り図上の曲輪名は現地看板表記に依拠しています）

1

春 先生、見てくださいよ、この堀の深さ！

千 すごい規模ですね！　切岸が切り立っていて、両側から迫ってくるようです。実際に小幡城を攻めたら、両サイドの土塁上から石や弓矢で散々攻撃されるわけで、恐怖でしかありません……。

春 その上、この堀底道を進んでも、城の中心に近づかないというのがまた恐怖です。城外から入る横堀は、本丸へ通じていないんですよね。

千 いざ、城中へ攻め入っても、上から一方的に攻撃される上、延々と意味のない道を歩かされるという……。泣いちゃいますね。

春 堀底道を歩いていると気が滅入ってしまうので、上から堀を見てみましょう。

2

千 すごい高低差ですね！　この写真のように、人に入って

もらうと、堀の深さや規模感がよくわかります。

春 人との比較は、山城歩きや撮影のポイントですよね！　以前、落語の仕事にかこつけて、立川志の輔さんを連れ立って小幡城に来たときは、志の輔さんを前のほうに歩かせて堀のサイズを確認しました。

千 志の輔師匠をメジャー代わりに使うなんて、全国の落語ファンから怒られますよ！

春 志の輔さんもこの堀のすごさには「ガッテン」していましたけど、山城歩きが初めてだったので、ずっと「茶店はないの？」ってボヤいていました（笑）。

千 ❸ 堀底道への地獄のような攻撃をくぐり抜けて、本丸に到着しました！

春 本丸は土塁がよく残っていますね。

千 あれだけ堀が深いのに、土塁でさらに高低差を出して、曲輪の守りをより強固にしています。本丸には井戸跡もあり、籠城への備えもバッチリです。

春 本丸から他の曲輪への移動はどうしていたのでしょう？

千 これだけ堀の幅があるので、木橋を渡すのは難しいかもしれないですね。いちいち堀底道に下りて、各曲輪へと登っていたのでしょう。

春 堀底道は、日常的には通路として利用され、合戦の時はキルゾーンとなるわけですね。そのギャップがまた怖いです！

帰り道……。

春　小幡城は、城主の立場に立つと「守りやすい城」ですね。これだけの規模の堀でドンッと構えて、敵がやってきたらとにかく上から攻撃するという。

千　98頁で紹介した杉山城とは対照的です。杉山城の場合は出入り口を工夫したり、曲輪を屛風折れに曲げたりして、技術的な工夫をあらゆる場所で行っています。一方で小幡城は堀底道に敵兵を誘いこんで、そこで叩くという守り方が徹底されています。

春　杉山城のところで、その技術の高さを「高級寿司」にたとえましたが、だとすると小幡城はさながら、至高の「一品料理」ですね。横堀という一品料理だけで、十分勝負ができます。

千　ええ、この一品料理だけを求めて、茨城県に行く価値は十分ありますね！

1人で行くもよし、
城友と行くもよし♪

足軽・春風亭昇太の、山城〝自撮り〟コレクション

一人で、時に城友と、日本全国の城をめぐっては、思う存分楽しんでいる足軽・昇太師匠。

どの写真を見ても、背景は、藪、土、石……。

「いったい何が楽しいのかしら？」と首をかしげる方もいらっしゃいますよね。

この本を読んで、写真の背景が、堀、土塁、石垣に
見えてきたら、あなたも「山城通」！

晩生内《おそきない》1号チャシ（北海道）
鋭い堀切にビックリ

小田城《おだじょう》（茨城県）
よく整備された
遺構にホッコリ

河村新城《かわむらしんじょう》（神奈川県）
発掘により戦国時代の地表面出現！

飯盛城《いいもりじょう》（大阪府）
調査で石垣が
出てきました！
スゲエ！

米子城《よなごじょう》（鳥取県）
近年の発掘調査の
成果が素晴らしく、
訪れるたびに
新しい発見が～♬

中城城《なかぐすくじょう》（沖縄県）
圧巻の石垣に
琉球王国の力を実感！

写真解説
春風亭昇太

山梨の城

この城も、ここがすごい！

躑躅ヶ崎館
つつじがさきやかた

信虎・信玄・勝頼
武田氏３代の居館

国指定史跡（武田氏館跡）・
日本 100 名城
山梨県甲府市古府中町 2611
JR 中央本線甲府駅からバス
（武田神社／約 10 分）

春　躑躅ヶ崎館は武田の館というイメージですが、実は徳川の時代まで使われ、石垣造りに改修されているんですよね。

千　ええ、今は武田神社の禁足地になっていて入れませんが、本丸には天守台もあります。

春　中世の守護館《しゅごやかた》（守護が居住した館）から、織豊期の石垣の城への移行の様子がわかる貴重なお城ですね。

千　西曲輪の南北には枡形が残っています。枡形空間を土塁で囲み、少しずらして出入り口を造る、いわゆる「両袖枡形虎口」。石垣は後世の改修ですが、原型は武田氏によるものです。

春　石垣といえば、武田神社の参道にある立派な石垣。あれは神社創建時（大正時代）に造られたもので、館とは関係ないんですよね。しかも、本来の大手口は別の場所です。

千　そう、大手は本丸の東側でした。角馬出しの石塁が残っていますが、その下から丸馬出しの三日月堀の痕跡も発掘されました。武田時代の丸馬出しを、角馬出しに改修したのでしょう。

春　改修したのが徳川時代なら、本当は丸馬出しのままにしておきたかったでしょうね。家康は武田流築城術を受け継いで丸馬出しを造っていましたから。

千　石垣で三日月堀の曲線を造るのは難しいので、泣く泣く角馬出しに変更したのでしょう……。

春　躑躅ヶ崎館といえば、詰城（有事に最後の拠点となる山城）の要害山城《ようがいさんじょう》も外せません。

千　要害山城も武田滅亡後に改修され、石垣の痕跡が残っていますので、躑躅ヶ崎館とセットで登城したいですね。ただ、要害山はクマが出るので、みなさん重々お気を付けください。

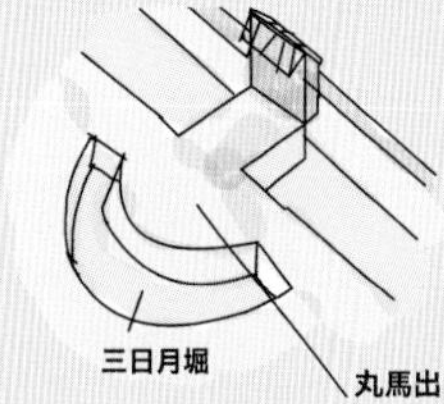

三日月堀と丸馬出し
武田流築城術のひとつ

大手口に残る角馬出しの石塁

西曲輪北側の枡形

山梨の城

新府城《しんぷじょう》

武田流築城術の粋！
勝頼が築いた新拠点

国指定史跡・続日本 100 名城
山梨県韮崎市
中田町中條 4787
JR 新府駅から
徒歩約 15 分

春　武田勝頼が躑躅ヶ崎館を廃して新たな居城として築いたのが、新府城ですね。勝頼はなぜ居城を移転したのでしょうか。

千　躑躅ヶ崎館は武田氏の権威を象徴する存在でしたが、畿内の城はすでに総石垣や天守を持つ近世城郭へ移行が始まり、守護館は時代遅れだったのです。

春　勝頼は時代に合わせて、居城をアップデートしようとしたんですね。新府城は丸馬出しのような武田の城の既存パーツも使いつつ、出構えのような新しい守り方を試みているのが面白いなあ、と思います。

千　ヨーロッパでは稜《りょう》堡《ほ》式《しき》城郭（星形要塞《ようさい》）が衰退すると、城壁の中央を一ヵ所射撃拠点として突出させて守るようになります。新府城の出構えはこれと近い発想で造られたのでしょう。

春　稜堡式城郭の衰退は十八〜十九世紀頃ですよね。二百年も時代を先取りしてたとは……！

千　また、搦《から》手《め》（裏門）の入り口は枡形ですが、その先は大きな角馬出しになっています。巨大な馬出しを造って先端を枡形化させるやり方は、名古屋城本丸の馬出しに似ています。

春　新府城の北側は新しい発想が見られる一方で、南側は丸馬出しと枡形のセットという、武田の城おなじみのパーツで構成されていて、「重臣たちへの配慮で造らざるを得なかったのかな」なんて考えちゃいます。

千　敵を断崖絶壁の七里《しちり》岩《いわ》で威圧し、最前線になる北側には鉄砲戦を想定した出構えを配置する、という考え方は理にかなっているんですよね。それだけに、お家のしがらみで色々妥協せざるを得なくなったのかな……、と考えると泣けてきます。

新府城が立つ七里岩台地

大手丸馬出しの三日月堀

射撃拠点と思しき出構えは
城の北側を守る

山梨の城

甲府城《こうふじょう》

国指定史跡・日本 100 名城
山梨県甲府市
丸の内 1
JR 中央本線甲府駅前

総石垣の近世城郭は
江戸期、甲斐支配の拠点に

千 甲府城は全国でも指折りの駅チカ物件。電車から石垣が見えてくると、ウキウキします！

春 「甲府に来たぞ！」と実感しますよね。石垣でガチガチに固められているのもいいです。石垣の要塞という趣で、「幕府の敵はここで食い止めるぞ」という気概をひしひしと感じます。

千 甲府城は、江戸時代、敵の侵入から江戸を守る要所として重視された城。丘陵全体に石垣をめぐらせた堅牢な造りです。城下から城を見上げると、石垣が丸亀城のような一二三段《ひふみだん》になっていてカッコいいですよね。

春 東側に行くと高さ一七mを誇る稲荷曲輪の石垣、本丸には古い野面積みの天守台もあって、石垣好きにはたまらないお城です。あと、建物の復元が進んでいるのも甲府城の特徴ですよね。

千 そうですね。内松陰門《うちまつかげもん》、銅門《あかがねもん》、鉄門《くろがねもん》、稲荷櫓《いなりやぐら》などが復元され、江戸時代の雰囲気がわかりやすくなっています。線路で分断されてしまっているのが残念ですが、大手口にあたる山手御門も復元されていて必見です。

春 そうだ、先生。僕はまだ泊まったことがないんですけど、最近、屋形曲輪跡のあたりにホテルができたそうですよ。その名も「城のホテル」。最上階の展望スペースからは甲府城の石垣が見られるらしいです。

千 それは素晴らしい！ 甲府は躑躅ヶ崎館・要害山城という中世守護館と総石垣の近世城郭・甲府城が同居する街。韮崎まで足を延ばせば、武田流築城術の粋を集めた新府城もありますし、このホテルを拠点にお城めぐりをするのもいいですね。

稲荷曲輪の高石垣と稲荷櫓（復元）

本丸に立つ天守台

一二三段の石垣を中堀越しに見る

群馬の城

岩櫃城《いわびつじょう》

武田家臣・真田昌幸が城主の岩盤にそびえる前線基地

国指定史跡・続日本100名城
群馬県吾妻郡東吾妻町原町1965-2／JR群馬原町駅から徒歩約30分

春　岩櫃城の紹介というと、たいてい岩盤むき出しの岩櫃山《いわびつやま》の写真が紹介されますが……。

千　絶壁の山容は、城の見た目選手権があったら間違いなく上位にランキングされる光景ですね。「えぇ、あんなところまで登るの!」って勘違いされてしまいますが、実際には城は山頂ではなく、山腹に築かれていました。

春　きっと岩櫃山は、古代から聖地として崇められた山だったのでしょう。「ここに城を築きたい!」と思わせる、パワースポット的な山容ですよね。

千　城はそれほど急ではない山腹一帯を、縦横無尽に横堀と竪堀で固めている点が特徴です。横堀がそのまま竪堀と接続していて、堅固な守りになっています。

春　横堀・竪堀は規模も大きくて、見事な造りですよね。本丸は東と南に横堀、北側に土塁を構えている一方、西側は山頂へと通じる岩山そのものを守りとしています。大軍勢があの岩盤を乗り越えて攻めてくることはないでしょうけど、忍者とかだったら侵入を許しちゃいそう。

千　現在も山頂までハイキングコースが設置されているので、数人の部隊だったら乗り越えられますね。縄張りとしては斜面に細長い平坦地が無数に残っています。こうした帯曲輪は軍勢の駐屯地として使用されたので、境目の城として機能した岩櫃城の役割を物語っています。

春　岩櫃山の裏手には潜龍院《せんりゅういん》跡《あと》があります。信長の武田攻めで追い込まれた勝頼を、真田昌幸が迎え入れようとした館跡です。

千　結局、勝頼は申し出を断るのですが、実際に来ていたら長期戦になって、その後の展開も変わっていたのかもしれません。

山腹から山麓へと
延びる竪堀

本丸南側の横堀
竪堀と接続する

岩櫃山遠望
城は東側山腹に位置する

群馬の城

箕輪城

みのわじょう

戦国オールスターが争奪した上野《こうずけ》の中心的な城

国指定史跡・日本100名城
群馬県高崎市箕郷町東明屋
JR高崎駅よりバス
（箕郷田町／約30分）で
下車、徒歩約20分

春　箕輪城は、長野業正《なりまさ》・吉業《よしまさ》親子が武田信玄に徹底抗戦した城として知られています。

千　武田氏滅亡後は織田信長家臣の滝川一益《たきがわかずます》が入り、信長死後に北条氏が奪取。その北条が滅びると徳川家康家臣の井伊直政が城主になりました。戦国オールスターといえるような錚々《そうそう》たる大名が関わった名城です。

春　それだけ要衝であり、重要な城だったということですね。現在残る構造は、井伊直政の改修によるものでしょうか。

千　おそらくそうでしょう。例えば、二の丸南側の郭馬出《かくうまだ》しをはじめ、要所要所に近世の城の特徴である馬出しが用いられています。これらは、直政による改修の可能性が高いです。

春　郭馬出しは全面的に整備され、櫓門も復元されました。櫓門から土橋がシュッと延びていて、当時の構造が実にわかりやすい。あと、箕輪城の一番の見どころは、やはり横堀でしょう！

千　圧倒的です！　この堀幅は鉄砲による戦いを意識したものであり、やはり近世における改修と考えられます。

春　この規模の堀を総石垣にしたら、大坂城や名古屋城などと比べても遜色のない城だったと思うのですが、そうしなかったところに、関東人の土の城への信頼の高さを感じます。

千　大手から本丸へのルート沿いでは野面積みの石垣が残されているので、主要部は石垣化して、堀などは土を残すというように使い分けていたのでしょう。

春　やっぱりこの城はすごい！　有力大名が代々改修して、かつ屈指の堀が残る箕輪城は、関東の土造りの城の一つの到達点といえるのではないでしょうか。

御前曲輪《ごぜんくるわ》に
残る野面積みの石垣

本丸の横堀。人と比べると
その巨大さがわかる

復元された郭馬出しの櫓門
手前に土橋が延びる

神奈川の城

小机城《こづくえじょう》

太田道灌の城攻めで有名。のちに北条氏家臣・小机衆が城主に

続日本100名城
神奈川県横浜市
港北区小机町789
JR横浜線小机駅から
徒歩約10分

千　初心者にオススメの山城ですね。何より、最寄りの小机駅から徒歩10分程度と、気軽に行けるのがいい。

春　僕はサッカーファンなので、小机駅から日産スタジアムまで歩いて行くことがあるのですが、駅からは小机城がある丘陵が見えて、「どっちに行こうかなぁ」っていつも迷っちゃう。

千　城の見どころは大規模な横堀ですね。高さ一〇m近くあるでしょうか。西曲輪と東曲輪のどちらの堀もよく残されています。

春　105頁の小幡城に似た雰囲気がありますよね。城を攻めようと堀底道を進むと、両側の土塁上から一斉に攻撃されてしまう。それに堀が緩やかに曲がっているので、先が見通せない恐怖感もある。ところで先生、東曲輪と西曲輪の間にいわゆる「繋ぎの曲輪」がありますけど、ここにはどんな意味が……。

千　謎ですよねぇ。曲輪の間に位置するこんな細長い空間、他の城ではあまり見られません。自然地形を利用したら、こうなったのでしょうか。

春　東曲輪か西曲輪のどちらかが敵に奪われたとき、防御拠点にしたのかもしれないですね。

千　または、二つの曲輪同士の仲が悪くて、間に壁を設けていたとか（笑）。ところで小机城は城内を高速道路が突き抜けています。

春　そのせいで西側の構造がわからなくなっていますが、中心部が壊されずに本当によかった。アクセスがよく、公園として整備も行き届いているので、是非訪れてみてください！

横堀は折れ曲がり、先を見通すことができない

規模の大きい横堀
歩きやすいように整備されている

小机駅方面から
城のある台地を見る

埼玉の城

鉢形城

はちがたじょう

水運を押さえた北条氏の一大拠点

国指定史跡・日本100名城
埼玉県大里郡寄居町鉢形2496-2
JR・秩父鉄道・東武東上線
寄居駅からバス（鉢形城歴史館前／約5分）で下車、徒歩約1分

千　荒川沿いの断崖に築かれた、巨大城郭です。北条氏にとっては広い領地の支配拠点となり、なおかつ荒川の水運を押さえるための要所でした。

春　北条氏康の四男・氏邦が城主になって、秀吉の北条攻めの際も最後まで抵抗していますよね。見どころはまず、伝秩父曲輪《でんちちぶぐるわ》の庭園や石積みでしょうか。

千　北条の城のあり方がわかる、大変貴重な復元です。北条氏の拠点城郭には必ずこうした庭園空間があり、儀礼や宴会が行われていました。

春　北条氏の文化度の高さがわかります。階段状に積まれた石積みは、土塁に登るための雁木《がんぎ》（階段）ってことですよね。

千　はい、いち早く敵を迎え撃つための施設でしょうね。それにしても師匠、この庭園の四阿《あずまや》を寄席に見立てて落語をしたら、気持ちよさそうですよ。その時は、雁木を観客席として利用しましょう。

春　なるほど、軍事的施設を平和的に利用するわけですね。腕が鳴ります。二の丸も見事に整備されています。堀の規模がすごい！

千　柵が復元されているのは素晴らしいのですが、柵の横棒が低すぎるのがちょっと残念。

春　ああ、これだと一段目の横棒を足がかりに、柵を乗り越えられちゃいますもんね。中世の城の復元は難しい！

千　城に併設されている鉢形城歴史館もじつに勉強になるので、併せて立ち寄ってほしいです。

春　歴史館にあるジオラマは、本当によくできていますよね。ジオラマを見てイメージを膨らませてから城跡を見ると、戦国の姿がよみがえりますよ！

整備された二の丸の堀

復元された庭園と石積み

荒川の河岸段丘を利用

茨城の城

小田城《おだじょう》

小田氏の本拠地――
幾重もの土塁に囲まれた平城

国指定史跡
茨城県つくば市小田 2377
JR 土浦駅からバス（小田／約 30 分）で下車、徒歩約 10 分

千　地元を代表する名家である小田氏の居城として知られている平城《ひらじろ》です。戦国時代には当主の小田《おだ》氏治《うじはる》が佐竹や上杉と戦い、敗れても敗れても、その度に復活して城を奪い返しています。

春　小田城は、以前は城を突っ切るように鉄道が通っていたのですが、そこから城跡へと見事に〝復活〟した城でもありますね。

千　はい、きちんと発掘調査をした上で、土塁や堀、虎口や馬出しなどが見事によみがえっています。建物跡が平面復元されている点もポイントが高い。

春　市民公園として、近隣の人たちの憩いの場になっているのも好感が持てますね。平城は市街地化して周りの風景が失われていることがほとんどだけど、ここは関東平野に築かれた土の平城という光景が残されていますね。後世に残したい城ですね。

千　調査をもとにした庭園跡と建物も復元されていますよね。ここで筑波山を見ながら酒を飲んでいたのでしょうか。

春　我々もここで飲みたいですね！　領主の本拠だから当然、文化的施設もあったわけで、関東の文化度がわかるという点もこの城のポイントです。確か、陶磁器や茶器なども発掘されているんですよね？

千　はい、発掘品の一部は、徒歩すぐのところにある資料館（歴史ひろば案内所）で見ることができます。資料館では小田氏の歴史や城の見どころも詳しく解説されています。師匠は城と資料館、どちらから見ますか？

春　僕は遺構を見逃したくないから、断然、資料館から攻める派です！　どちらを先に見るかは人それぞれですが、是非セットで訪れることをオススメします！

小田城跡歴史ひろば案内所

復元された土塁
本丸内は市民公園になっている

小田城眺望
線路跡はサイクリングロードに
（提供・つくば市教育委員会）

千葉の城

佐倉城

さくらじょう

珍しき、〝土の〟近世城郭

市指定史跡・日本100名城
千葉県佐倉市城内町官有無番地
京成佐倉駅またはJR佐倉駅から
バス（国立博物館入口／約2分）で
下車、徒歩約10分

春　先生、佐倉城はなじみ深いお城ですよね。

千　ええ、昔、国立歴史民俗博物館（歴博）に勤めていました。みなさん、佐倉城登城の際は、ぜひ歴博にも寄ってくださいね！

春　その歴博の前には、佐倉城の顔ともいえる巨大角馬出しが復元されていますけど、土の城でこれほど巨大な馬出しを造るのは、かなり珍しいですよね。

千　佐倉城は織豊城郭の築城技術で土の城を築いた、珍しい城です。付近で石がとれなかったという事情もあるとは思いますが、師匠が大好きな、関東ローム層（赤土）の存在も大きかったのでしょうね。

春　やっぱり関東の人には「土の城が最強」という意識があったと思います。壮大な〝土の近世城郭〟の全貌、見てみたかったなあ。近代に多くの遺構が失われてしまったのが残念です。

千　今、歴博があるあたりは、佐倉連隊の兵営地としてかなり改造されてしまいましたから。でも、本丸は大きな改変がなく遺構がよく残っています。「二段構造の土造りの天守台」という、珍しい遺構も見られます。

春　城内からは四階、城外からは三階に見える天守ですよね。普通、天守は城外から大きく見えるように工夫することが多いですけど、逆なのが面白いです。

千　帯曲輪も近代の改変を受けず、土塁や堀がきれいに残っていて必見です。

春　本丸下には鹿島川と繋がる舟入《ふないり》があったんですよね。

千　佐倉城は鹿島川から印旛沼《いんばぬま》、さらに太平洋まで繋がる水運をおさえる要所でした。水上交通との繋がりも佐倉城を見る上で大切な視点ですね。

珍しい2段構造の天守台

帯曲輪に残る堀と土塁

復元された角馬出しと堀

千葉の城

本佐倉城

もとさくらじょう

水運の要を押さえた千葉氏の戦国期居城

国指定史跡・続日本100名城
千葉県印旛郡酒々井町
本佐倉781
京成大佐倉駅から徒歩約10分

千　本佐倉城は、坂東八平氏《ばんどうはちへいし》・千葉氏の戦国期の居城でした。先ほどの佐倉城と同様、印旛沼の水運を押さえる水上交通の要所でもあります。

春　本佐倉城の周辺は水田が多いですよね。昔はこのあたり湿地帯だったんでしょうか。

千　ええ、当時は印旛沼が城のすぐ下まで広がっていたので、浮城《うきしろ》に近かったと思います。

春　佐倉城と比べると曲輪の配置が中世的ですよね。佐倉城は本丸を中心に階層的に曲輪を設置していますけど、本佐倉城は「どこが本丸なの?」と聞かれると困っちゃう。多分、「城山」か「奥ノ山」だと思うんですけど、どっちなんでしょう。

千　「城山」から建物や庭園跡が出ていますので、そちらが本丸だったと思われますが、拡張を重ねる中で、本丸が移動したり本丸的な曲輪が複数並立していた可能性はあるでしょう。「奥ノ山」は千葉氏が信仰する妙見菩薩を祀る妙見宮跡があり、信仰の場だったと考えられていますね。城主の元服や代替わりなどの儀式が行われていたそうです。

春　お城と信仰が結びついているのも中世らしいですね。

千　本佐倉城は、城内の遺構がほぼ完存していて、案内板の解説も丁寧です。特に「城山」や「奥ノ山」がある内郭は、整備も行き届いていて、遺構が観察しやすいですよ。

春　「城山」「奥ノ山」間の大堀切や虎口なども整備でかなり見やすくなっていますよね。僕は道が折れ曲がる東山虎口が好きですね。先が見通せず、どこから攻撃されるかわからないから、ドキドキします……!

通路が折れ曲がる東山虎口

「城山」「奥ノ山」を隔てる大堀切

「奥ノ山」の妙見宮跡

第3章

「戦いの城」は新境地へ

城郭技術、ここに極まる

日本の城郭技術の最高峰といえる、
天下人・徳川家康の城。
太平の世で軍事的機能はそがれるも、
幕末に急ごしらえした「台場」で、〝大砲時代〟に挑む。

国指定史跡・続日本 100 名城
栃木県佐野市高砂町 1
東武佐野線田沼駅から本丸まで
徒歩約 40 分
見学目安 約 1 時間 30 分

栃木の城

唐沢山城

からさわやまじょう

土の城から石垣の城へ、ハイブリッドに進化。

群雄割拠の世、ボスが代われば城も変わる

平安時代に平将門の乱を鎮圧した藤原秀郷が築城したと伝わりますが、伝説の域を出ません。鎌倉時代以降、佐野一帯は佐野氏が治めており、その居城に利用されてきました。戦国時代には越後の上杉謙信に十年にわたり何度も攻め

られ、そのうち五回は落城したとされます。しかし佐野氏はその都度、降伏と裏切りを繰り返し、謙信に従うことはありませんでした。その後、佐野氏は豊臣秀吉の家臣となり、〝西の技〟を取り入れ、石垣の城へと変貌しました。

1

千　やってきました、唐沢山城です！

春　唐沢山を南側から見ているわけですね。下から見ると、やっぱり雄大！　巨大な山城であったことがよくわかります。

千　山頂から尾根に沿って城が築かれていたわけです。石垣も用いていたわけですから、山麓から見たら、さぞや立派だったでしょうね。ただ、歩いて登るとなるとちょっとタイヘンかも……。

春　大丈夫ですよ、先生！　車という文明の利器がありますから。はいっ！

2

春　あっという間に、山上の駐車場に到着です！

千　さすが師匠！　唐沢山城は急峻な山城なんですが、上まで車で行けちゃうというのも魅力ですよね。城の本丸には唐沢山神社がありますから、参拝客用に駐車場やレストハウス、トイレなどがきちんと整備されており、山城初心者

にもおすすめです。

春　参拝客の中には、城と認識していない人も多いのでしょうけど。あっ、先生！　さっそく出入り口（虎口）が見えてきましたよ！

3

千　城の大手口となる枡形です。石垣の一部は後世に積み直されていますが、虎口の形状はよく留めていますね。

春　この虎口を抜けると、神社に進む参拝道が延びているのですが、そのまま進んではいけません。

千　そうです、そうです！　天狗岩のある高台に登ると、ほら！

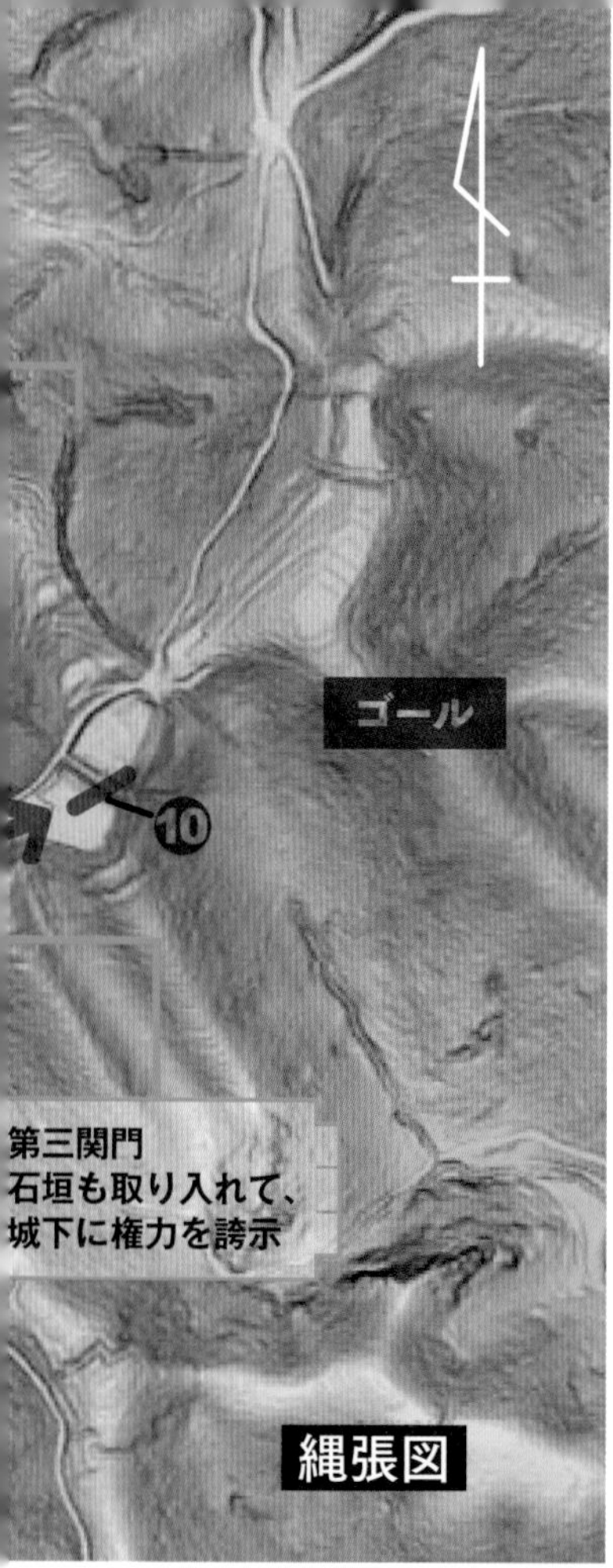

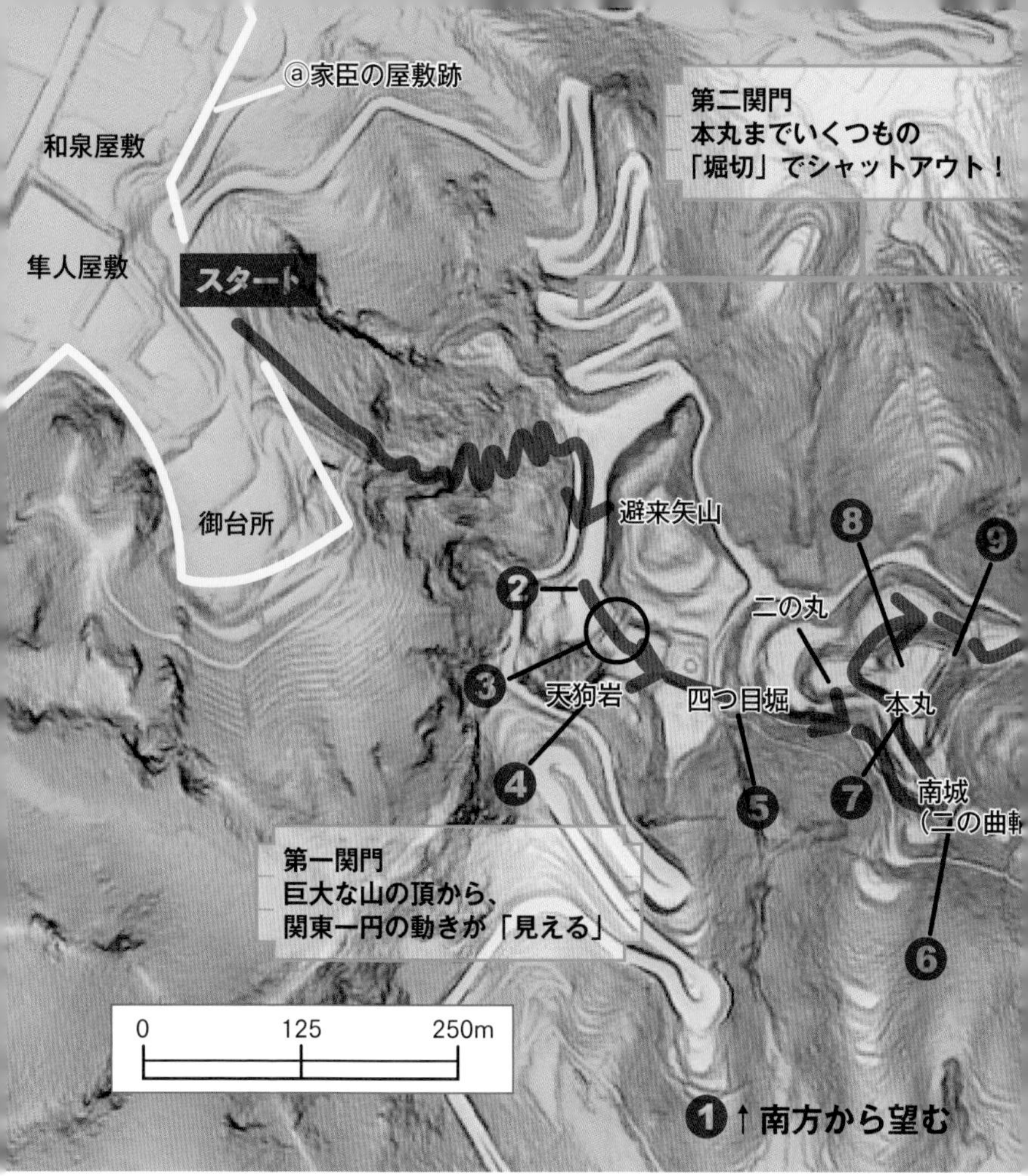

標高約242メートルの唐沢山山頂に本丸を置き、そこから延びる東・西・南の尾根を城郭化した巨大な山城です。曲輪と曲輪の間を断ち切る堀切が防御を固めていました。土の城と石垣の城の遺構を両方残しているのが最大の特徴といえます。

（佐野市教育委員会「地形起伏図」を元に作成）

4

春 うーん、まさに絶景！　関東平野を独り占めって感じです。

千 達成感がありますよね。下から必死に登ってきた人たちをねぎらうご褒美というところでしょうか。

春 この光景を見ると、上杉謙信がこの城をどうしても手中にしたくて、何度も攻めた理由がわかりますね。

千 唐沢山城は関東平野の北端に位置します。これから関東平野に進出しようという謙信にとっては、是が非でも押さえておきたい要衝だったのでしょう。

春 今でも新宿の副都心や東京スカイツリーまで見えますから。この城からは関東の動きが逐一わかりますよね。

千 さて、参拝道に戻って先に進みましょう。石橋が架かっていますが、この石橋の下は……。

5

春 横堀ですね。すごく規模が大きい！

千 はい、この四つ目堀は本丸のある城山と避来矢山《ひらいしやま》を分ける堀切であり、堀の先はまた、堀切に繋がっています。ここから先には行かせないぞ、という防御の要となる施設です。

5

4

春　僕としては、人工的な崖であるこの切岸（写真右側）にも注目してもらいたい。ほぼ垂直に切り立っていて、とても登ることができない！　参拝客は素通りしちゃう人が多いけど、もったいないなぁ。

千　参拝道を真っ直ぐ進み、先に南城を見ましょう。南城まで来ると、城の様子が変わります。

6

春　高石垣が出現しました。一つ一つの石材が大きくて豪快！　石材が加工されていない「野面積《のづらづ》み」ですね。

千　そうですね。唐沢山城の城主・佐野信吉《さののぶよし》は、豊臣秀吉の小田原平定前後に秀吉の家臣となり、その後石垣が築かれ始めました。関東で築かれた最初期の石垣であり、とても貴重なものです。

春　高さ八メートルぐらいあるでしょうか。当時の、地元の石工さんの技術では、築くのが難しいですよね？

千　あくまで推測ですが、最先端の石積み技術を持った畿内の職人が、秀吉の命令でこの城に派遣されたということは考えられます。畿内の職人と地元の職人が協力しあったかもしれませんね。

春　この高石垣が、参拝道から少し外れた場所にあるというのが残念ですね。こんなにすごい遺構を見ないで帰っちゃうなんて……。僕が一人一人引っぱってきて、説明したいぐらいですよ（笑）。

千　高石垣というと、本丸南面の石垣も立派ですよね。南城から二の丸方面に進む帯曲輪から見られる高石垣がこちら！

7

春　いやぁ、見事です。言葉が出ない……。関東でも屈指の高石垣ですね！

千　佐野氏は関ヶ原の戦い後、麓の佐野城に移転し、唐沢山城は廃城となるので、関ヶ原の戦い以前の古いタイプの石垣がよく残っています。古いタイプなので、石垣も垂直ではなく、やや緩やかなのが特徴です。師匠、これなら登れますか？

春　はい、甲冑姿であっても石垣が足場になりますので、この斜面であれば登れると思います。土で築かれた切岸のほうが、よほど登りにくいでしょうね。もちろん、石垣も切岸も貴重な文化財ですから、よい子のみなさんは登ろうとしちゃダメですよ！

千　先ほどの南城もそうですが、これらの石垣は防御を固めたというよりも、権力を誇示するシンボル的な要素が強かったのでしょう。石垣は山麓からでも確認できますので、ここに城主がいるぞってことを、石垣を通して家臣や領民たちにアピールしたわけです。

春　さて、二の丸を経由して、唐沢山神社が鎮座している本丸に向かいましょう。

8

千 本丸に入る前に、ここでも石垣に注目してください。鳥居の左右に、ひときわ大きな石が使われています。

春 「鏡石」ですね！　鏡石は八王子城でも見ましたが（44頁参照）、唐沢山城の鏡石も立派ですね。こんなに大きな石材なのに、真横から見るとじつは薄っぺらなんですよね。

千 鏡石は見せるためのものですから、運びやすくするために薄く加工していました。大坂城や名護屋城の鏡石も、じつは板状の薄い石材であったことが調査でわかっています。

春 鳥居の両サイドにあるので、まるで狛犬の「阿吽像」のようですね。この鏡石も、神社に付随した石垣だと思っている人が多いんだろうなぁ。

千 掲載した写真は少し古いもので、以前は木々に覆われていたのですが、伐採が進んで鏡石と石垣が鑑賞しやすくなりました。現在も整備作業が進められていますので、それと合わせて文化財としての価値を解説する案内板などが設置されるとよいかもしれませんね。さて、本丸の奥に進みます。

9

春 おお！　本丸の北側から東側一帯にかけて、また城の表情が変わります。土造りの城から石垣の城と見てきましたが、ここからまた土造りの城となる。

千　佐野氏が秀吉の家臣になってから、城の中枢部は石垣造りへと変貌しましたが、西尾根や東尾根の土造りの遺構はそのまま残しました。唐沢山城は土と石垣の両方の遺構が楽しめる「ハイブリッドな城」であるということが、最大の特色といえるでしょう。

春　登城道がある本丸南面は先ほど見たような高石垣なのに、北面は土造りのままというのが面白い。人目に付く部分だけ取り繕っている、というと言い方が悪いですが、石垣の部分と土の部分を合理的に使い分けているということですね。

千　この本丸の切岸も高くて急ですね。師匠、この切岸は……？

春　絶対、登れないですよ！　登ろうとしても、上から石を投げられたり鉄砲で撃たれたりして終わりでしょうし。この、粘着性もあるのに、乾くと滑りやすいという、関東ローム層の土質がポイントですよね。

千　粘着質な性格って、人間ですとあまり深くお付き合いしたくはありませんが、お城ですと武器になるわけです（笑）。

春　「さっぱりしたお城」って弱そうですもんね！　城は粘着性がないといけません。当時城を築いた人は、この土質をよく理解していたのでしょう。

千　❿　東尾根の曲輪群には、土の遺構がとてもよく残っています。曲輪と曲輪の間はしつこいぐらいに堀切で遮断され、その堀切が竪堀と繫がり、「絶対に本丸には行かせない！」という意気込みを感じさせます。

帰り道……。

千　唐沢山城は、栃木県佐野市が「航空レーザー測量図」（125頁に掲載／上空からの精密な3次元測量により地形の起伏を可視化した図）を山城の調査・研究に用いた事例となります。大規模な山城は、藪をかき分けて隅々まで調査するのが本当に大変です。これなら、曲輪や遺構の存在が一目瞭然となります。

春　堀切や竪堀がどこにあるかも明確ですよね。改めて測量図を見ると、尾根伝いは何重にも堀切で断ち切り、敵に備えていたことがわかりますね。その徹底ぶりは、執念を感じるほどです。

千　師匠に是非見てもらいたいのが、山麓の家臣の屋敷跡（縄張り図a）です。航空レーザー測量図でもわかるのですが、堀によって四方に区画されていたことが調査でも明らかになりました。

春　うーん、城が巨大で、とても一日ではまわりきれません！　先生、いずれまたいっしょに、唐沢山城を訪れましょう！

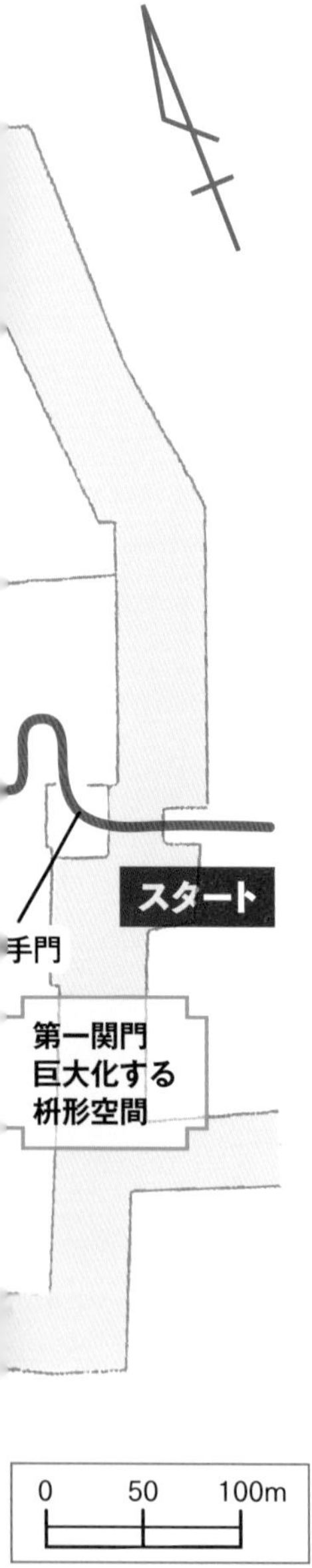

東京の城

江戸城《えどじょう》

規模、技術ともに
これぞ「日本一」

万治期（1658 ～ 60）以降の江戸城。四代将軍家綱の時代にあたる。本丸と二の丸が「汐見坂」によって繋がれたことで、「下乗門《げじょうもん》」の出口が北向きから南向きに変えられている。北方の砦だった天守閣は再建されない一方で、大奥など殿舎は拡張されていった。家康の時代に比べて、防御力が低下していく様がうかがえる。

（千田嘉博「集大成としての江戸城」
『国立歴史民俗博物館研究報告』1993 年より）

国特別史跡・日本 100 名城
江戸城の本丸、二の丸、三の丸は東御苑として、
北の丸は北の丸公園として一般公開。
東御苑、北の丸公園いずれも
東京都千代田区皇居外苑 1-1
地下鉄大手町駅、JR 東京駅から徒歩約 5 分
見学目安約 1 時間

ゴール
❾❿
田安門・
半蔵門方面へ
第二関門
屏風折の石垣から、
十字砲火！
縄張図
北桔橋門
❼
天守台
二の丸
❻
❽
本丸
汐見坂
❶
下乗門
❷
❺ 中雀門
二代将軍秀忠が
改修した本丸入口
紅葉山
富士見櫓
❸
❹ 家康時代の本丸入口
西の丸

泰平の世を背景に、〝戦う場〟から〝儀礼の場〟へ変化。

現在の江戸城の地に最初につくられた城館は、平安時代末期の江戸氏の館だと考えられています。その後、室町時代の十五世紀後半に太田道灌《どうかん》が新たな江戸城を築きました。記録によれば道灌の江戸城は、堀や土塁で守った子城《しじょう》・中城《なかじょう》・外城《とじょう》からできていて、主郭の中城には「静勝軒」と呼ぶ居館がありました（『寄題江戸城静勝軒詩序』『梅花無尽蔵』）。戦国時代には北条氏の城となり、豊臣秀吉の関東攻めでは江戸城も籠城しました。しかし城内から内応者が出て落城しました。

北条氏滅亡後の一五九〇（天正十八）年に徳川家康が関東の領主となると、江戸城を居城と定め、近世城郭への整備を進めました。その後、江戸城は徳川幕府の本拠となり、諸大名が土木工事を手伝う「天下普請《てんかぶしん》」によって、壮麗で巨大な城郭が完成しました。寛永期の天守は高さが五八メートルを超え、我が国最大の天守でした。江戸時代の度重なる火災を契機に城の改修が続き、家康の江戸城と、現在見ることができる江戸城では、かなり異なった姿になっています。その〝変化〟が意味するものは何か、お城を歩いてみましょう。（千田）

※皇居内は人物の撮影を許されていないため、取材時の人物撮影は敷地外で行いました

春 ❶ さあ、いよいよ日本一の巨大城郭に突入です。江戸城の正門、大手門から行きましょう!

千 まず、二の丸（将軍の別邸やお世継ぎの御殿があった場所）の入り口には、「下乗門」の大きな石垣が見えます。各大名が登城する際、ここで駕籠《かご》を降りて、わずかな家臣だけを連れて本丸を目指すのです。さて、門を入ると、右手に同心番所があって、枡形の出入り口（二つの門と広場が組み合わさった出入り口。詳しい解説は写真**9**へ）が、「左手」に曲がっています。ところが、三代将軍家光の時代（寛永期）は、「右に曲がって」いたんです。おかしいでしょう。

春 「右曲」を「左曲」にした、ということですか?

千 そう。実は、明暦の大火（一六五七年）の翌翌年にあたる一六五九（万治二）年に、四代将軍家綱が、わざと造り替えたんです。もともと本丸と二の丸は、堀で分離されていました。つまり、大手門から、三の丸、二の丸、本丸と、重要な場へ進めるようになっていたんです。ところが、家綱の時代に、「不便だから」という理由で、

本丸と二の丸の間に道を造ってしまいました（汐見坂）。そのため、本丸と同様、二の丸が上位の空間に変わったため、下乗門の内枡形を、「左曲」にしたのです。

春「本丸も、二の丸も、もう一緒だ！　いいじゃないか」と（笑）。

千　勝手に本丸の防御力を低下させて、「家康怒るぞ!?」と思いますよね。敵のいない徳川の世の、緊張感が薄れていく様を、物語っています。

春「地盤は固まった！」と、安心してお城の機能を〝緩く〟してみたんですね。ちなみに幕末には無血開城しましたから、実際、江戸城で戦いが行われることはありませんでした。

❷

千「下乗門」を抜けて、「中之門」へ至るまでの枡形です。

春　それにしても、江戸城の石垣は立派ですね。

千　本当、惚れ惚れとします。人工的に四角く形を整えた石を、隙間なく積み上げる「切り込みハギ」という工法を用いています。そして、角は「算木《さんぎ》積み」という、大きめの石を交互に配置する工法が見られます。接着剤を使わずとも、崩れにくいのです。

春　横の線もきれいに揃っていて、職人の根性が表れています。そもそも関東は石の産出量が少ないから、江戸時代のお城でも、佐倉城（千葉県）など石垣のないものが多いですよね。江戸城に使われている石は、甲府あたりから持ってくるんでしょうか。

千　そうですね。他にも伊豆や瀬戸内方面の石を使っています。石を運ぶだけでも、大変な労力がいります。見てください。石垣の表面を平らにするために、入念に削った跡が見られます（写真**2-2**）。石と石の間も、細かい石を詰めて、隙間をなくしています。当時は切るも磨くも、すべて手作業です。江戸時代全期にわたって、将軍は各藩に細かな改修を命じています。戦国時代のように急いで石垣を築く必要もないので、時間とお金をかけて、各藩は将軍への忠誠度を示すのです。大名の力を弱らせるには効果的です。

春　「ここ、君の藩に頼む。ちょっと、ちょっと。これが〝仕事〟ですか？　他の藩はもう少し綺麗にしてくれたのになあ」という感じですか（笑）。

千　「あれ？　石と石の間に、指が入るよ？・」と（笑）。

春　小姑みたいだ。

2-2

千 **3**「中之門」から、「中雀門《ちゅうじゃくもん》」へ至るまでの枡形です。

春 本丸へ至るまで、枡形の空間が連続しますね。それに、ものすごく広い。攻撃するにも、矢が届かないんじゃないかと心配してしまうくらい。私たちが見てきた中世城郭の、〝本丸〟ほどの広さに相当するんじゃないですか。

千 内枡形ひとつで、この大きさってすごいですよね。現在は失われていますが、三重櫓が写真左手の本丸の石垣の上に立ち、鉄壁の守りを築いていました。

千 **4** さて、いよいよ本丸に至る最後の関門にやってまいりました。ところが、またもや「江戸城堕落の法則」が見られるのです。ここは家康の時代、本丸の入口として機能していました。

春 なるほど。確かにこの狭さなら、一度に多くの敵が攻めてこられません。側に建つ富士見櫓（**4-2**）からは、ふもとの外苑のほうまで見渡せます。〝守り〟を考えれば、有効ですね。

千 そうなんです。下にも門がいくつかあって、〝曲がり角〟も多

用されています。有事の際は、真っ直ぐ敵を上がらせない構造になっています。

春　「富士見櫓」といえば、天守なき後、天守の代わりを果たしたものですね。どこから眺めても美しい、と評判だったそう。僕はいつか勲章をもらって、皇居側から富士見櫓を眺めることが夢なんです。

千　勲章を受けられた暁には、ぜひ皇居から見た富士見櫓を撮影してきてくださいね（笑）。

春　任せてください！　だけどこれまで見てきた枡形の入り口からすれば、この門は、少し狭いような気が……。

千　❺ そうなんです。二代将軍秀忠の時代になると、「将軍らしい、もっと大きな門がほしい」ということで、「中雀門」を大きく造り直しています。結果、この中雀門が、本丸に至る最後の関門へと変わるのです。

春　「小さな門じゃ、荷物だって入らないよ」というわけか。〝敵〟の存在は、少しずつ頭から消えていくんですね。

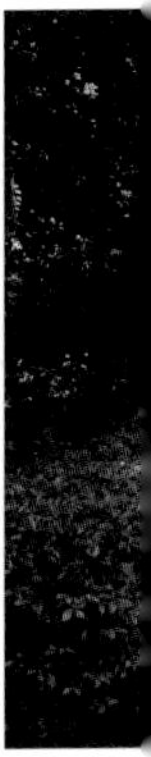

春 6 いよいよ、本丸へ到着しました！

千 当時は大部分に、御殿が立っていました。御殿の機能は三つに分かれており、将軍が大名と謁見し、幕府の役人が執務したところが「表」、将軍が執務を行ったところが「中奥《なかおく》」、将軍の夫人や多くの女性たちが仕えたところが「大奥」と呼ばれました。特に「大奥」はどんどん拡張され、最終的には御殿のおよそ半分を占めるまでに。

千 7 そして、こちらが天守台です。角は「算木積み」で積んだ後、さらに削って、緩やかなカーブをきかせています。切石を積むだけという〝一発勝負〟に比べたら、ちょっと〝ずるい〟積み方とも言えましょうか。

さて天守閣は、初代将軍家康によって慶長年間（十七世紀初頭）に建てられ、二代将軍秀忠、三代将軍家光の時代にそれぞれ建て替えられました。ところが一六五七（明暦三）年に発生した「明暦の大火」で本丸御殿とともに焼け落ち、その後は〝天守台〟だけが整

備されたものの、天守閣は再建されませんでした。

春　そして天守台は、女性たちが暮らす長局《ながつぼね》に取り囲まれたという。

千　そう。もともと家康は、北側の守りを固めようと、姫路城のような立派な天守閣を建てたようです。ちなみに尾根筋の側（半蔵門・西の丸方面）は、大きな堀で遮断。そして大手門側に、巧みな細工を仕掛けた入り口を設けました。しかし後の代になると、城の軍事的な機能を低下させて、大奥など殿舎を拡充していきます。軍事的な〝城〟は、〝宮殿〟へと変化するのです。

春　僕が将軍でも、大奥を広げようと思うでしょう。

千　「ちょっと一部屋ほしいの」なんて言われたら（笑）。

春　すぐ、造ります（笑）。でも本音は、素敵な女性が一人いればいいんです。「小奥」ぐらいでいいかな（笑）。

8

千　さて、先ほど写真**1**で、四代将軍家綱の時代に、本丸と二の丸の間に道が造られたと申しました。写真手前が、その道（汐見坂）です。かつては、この堀が汐見坂より北の、さらに奥まで（写真では手前側）続いていたわけです。

7

春　「汐見坂」と呼ばれるということは、江戸湾が見渡せたんですね。

千　ところで、写真右手に見えるように、江戸城のそこかしこで、石垣は「屏風折」に連なっています。多聞櫓《たもんやぐら》（石垣上に城壁のごとく連なる櫓）から、そして石垣の隅に置かれる隅櫓《すみやぐら》からと、二方向から攻撃（横矢）が可能になります。

春　中世城郭に多用された、〝クロスファイア〟戦法ですね。

9

千　天守台の裏にある「北桔橋門《きたはねばしもん》」（名の通り、有事には滑車で、門前の堀に架かる橋を吊り上げる）をくぐって、北の丸公園内・日本武道館の先にある、「田安門（重要文化財）」（写真）へ参りましょう！現存する旧江戸城建築遺構のうちで、最古のものです。

春　武道館でイベントがある際には、多くの方がくぐられる門ですね。実はここ、イベント時に、必ず渋滞が起きる場所なんです。それは、江戸城の各所にみられる「枡形」の入り口が、防御機構として機能しているからなんですね。まず二の門として、「高麗門《こうらいもん》」があります。そこを入ると、四方を壁に囲まれた広場があり、一の門として「櫓門」がそびえているというものです。門をくぐる時はも

ちろん、広場で〝クランク〟する際に、必ずスピードが落ちます。

千　そうして渋滞を起こしている敵に向かって、門上から石を落としたり、槍などで攻撃ができます。堀に架かった橋を渡る敵に対しても、城壁の銃穴（狭間《さま》）から火縄銃を撃ったり、方々から攻撃が可能です。大変有効な砦ですね。

春　僕はいつも、武道館のイベントが終わった後、ここで渋滞する様子を眺めながら、「しめしめ、今頃みんなやられている」と思うわけです（笑）。

⑩

春　最後に、僕が大好きなスポットをお教えしたいと思います。半蔵門近くの石垣です。通称「鉢巻石垣《はちまきいしがき》」というもので、土塁の上に、石垣がのっています。どこか女性的なラインに、惚れ惚れとするんです。これだけ堀幅が大きけれ

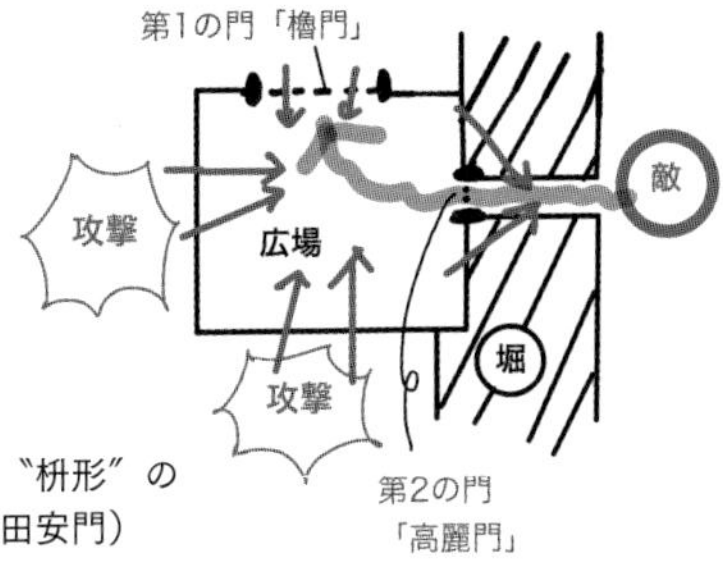

右・江戸城の〝枡形〟の入り口（例・田安門）

ば掘り出せる土量も多いですし、関東は石の産出量が少ないので、土塁と石垣の組み合わせが一番効率的でしょう。

千　本当ですね。上部が石垣であれば、建造物を隙間なく築くことも可能です。これだけ堀幅があれば、当時の銃（火縄銃など）は届きませんし、大砲といえども〝炸裂弾〟ではなく〝鉛〟を飛ばす程度だったので、建物の一部を傷めるというぐらいで済みます。

帰り道……。

千　関東一円を支配した北条

氏の城（滝山城や八王子城など）など、これまで見てきた戦国期の城から、織田信長の安土城、豊臣秀吉の大坂城などを経て、権力はもとより築城技術も、徳川家康の江戸城に集約したといえましょう。規模、技術ともに日本一のお城です。ところが、徐々に軍事的機能は薄れ、権威を象徴するものに変わっていきます。日本の城郭の行き着いた、一つの集大成であったといえます。

春　次項は、「台場」ですか。ペリー来航を前に、初めて「江戸城を守らねば！」と築かれた要塞ですね。

千　二百年ぶりに涙目になって造った軍事施設がどれだけのものであったか、次項をお楽しみに！

惣構《そうがまえ》（外堀を含めた、城の街区全体）を入れると、日本最大の城郭である。現在の御茶ノ水駅横の巨大な外堀は、家康が最も弱点としていた本郷台を断ち割って神田川を通した名残り。南は浜離宮庭園まで含まれる。江戸湾と隅田川、溜池が要害とされた（国土地理院発行の2万5000分の1地形図ー東京首部、南部、西部、西南部を使用）

第三関門
万が一上陸されそうなときは、
〝ねずみ返し〟！

東京の城

品川台場《しながわだいば》

石垣、土塁、十字砲火……
海上砲台に見る城郭技術

第３台場は、縄張図の右上に、お台場海浜公園と
繋がる入り口があります。
左上には、江戸時代の船着き場跡が。
ちなみに砲台跡はレプリカで、
かまど場は第二次世界大戦時に
造られたものと思われます。
（東京都建設局提供の図版をもとに制作）

国指定史跡・続日本 100 名城
東京都港区台場 1-10-1
ゆりかもめ「お台場海浜公園」下車、または
水上バス「お台場海浜公園」下船から徒歩 15 分
見学目安 約 30 分

×弾薬庫跡

縄張図
船着き場跡
↑レインボーブリッジ
史跡記念碑
第二関門
大事な弾薬は
窪みの底へ
第三台場
陣屋跡
❶
❺
←第６台場
❹
❸
かまど場
❷
砲台跡
第一関門
砲台は、土塁で隠す
0
25
50m

外敵は、"海"から来る！　ペリー来航を機に「江戸城を守れ！」と急造。

一六三七（寛永十四）年に起きた島原の乱で、幕府軍は大砲を効果的に使用して原城を攻めました。すでにこの段階で大砲は戦いの鍵を握る兵器となっていましたが、その後、長く続いた平和な時代に大砲が活躍することはありませんでした。しかし十九世紀に入ると日本を取り巻く国際情勢は大きく変化し、外国船がしばしば来航するようになります。そこで幕府や諸藩は港湾や海峡・河川などの要所を防衛するため、西洋の築城法を取り入れた台場を建設しました。東京湾に残る「お台場」は、こうした台場の一つで、船舶の港湾への接近を阻んだ砲台でした。

一八五三（嘉永六）年にアメリカのペリーが艦隊を率いて来航し、幕府に開国を迫りました。この危機に幕府は品川沖に一一基（のち御殿山《ごてんやま》下に一基追加）の台場を建設することを計画し、急ぎ工事を進めます。翌一八五四（安政元）年にペリーがふたたび来航したときには一部の台場が完成しており、ペリーは品川をあきらめ横浜に上陸しました。その後、品川には計八つの台場が造られました。このうち第三台場は、国の史跡

レインボーブリッジから撮影した第３台場の様子。手前に延びるのは、江戸時代の船着き場跡。幕府の徹底した避戦政策で、一度も実戦のなかった台場。明治以降は埋め立てが進み、1965（昭和40）年には第３・６台場を残してすべて消滅した。
奥に見えるのは、80年代後半から始まった臨海副都心の象徴、フジテレビ本社社屋など。歴史にちなんで「お台場」と称されるように（提供・東京都公園協会）

に指定され、台場公園として公開されています（第六台場も現存。こちらは原形のまま遺構を残す「絶対保存」がなされている）。（千田）

1

千　最後にご紹介するのにふさわしい場所といえば、ここでしょう。ペリー艦隊の来航を機に、幕府が「江戸城、そして江戸湾を守れ！」と急ごしらえで造った「台場」です。さて、公園として開放されている第三台場にやってまいりました。真ん中が窪んでいて、周りを土塁が囲うという構造は、江戸時代と変わりません。

春　窪んだところには、火薬庫や、陣屋を置いていたようですね。

千　火薬庫は、土塁に横穴を掘っていたものもあるようです。これが一番安全です。万が一、放物線を描いて敵の弾が落ちてきても、狙撃されずに済みます。しかも一ヵ所に固めると危険なので、分散させています。

春　弾薬庫の場所から考えても、南側から砲撃されることを想定しているようです。

春 **2** おや、これはなんでしょう。コンクリートだから、江戸時代のものではないですね。

千 これは〝釜〟でしょう。復元整備されたものですね。台場は、第二次世界大戦中には兵舎が建設されて、高射砲陣地として使用されました。東京の防衛にちょうどよかったんですね。

春 それだけ軍事的な価値があるんですね。それにしても大きい。結構な数の人がご飯を食べていたんでしょう。ご飯を炊きながら、おかずも作れちゃいます（笑）。

千 あちらには、コンクリートの水瓶《みずがめ》のようなものもありました。海水に囲まれているとはいえ、お城にとって、飲料水の確保は必須でした。

千 **3** ところで、肝心の「砲台」がどこにあったのかを確認しなければなりません。

春 基本的に、台場は〝窪地〟の中に大砲を置くものですよね。土塁上の指揮官の指示に従って、大砲を曲射するという。

千 そう。けれど初期のころは、土塁の上に大砲を配置していました。

しかしこれでは相手に撃たれたら〝即死亡〟ですから、危ない――。そこで次第に、砲撃の直撃を受けないよう、土塁の中に大砲を配置する構造に変わっていきました。おや、師匠、見てください。土塁の上に、わずかな段があります。やはり土塁上の段を盾にしたところに大砲を配置していたのです。

4

千　師匠、不審な船が来ました！（笑）砲撃してもよろしいでしょうか。

春　よし、行け！（笑）

千　〝黒船〟というより、〝白船〟（お台場付近を運航する水上バス）です（笑）。ああ、何ということ。守っていながら、悠々と行かれてしまった（笑）。

春　あそこに第六台場が見えます。今は人が立ち入れないから、野鳥の楽園だそう（笑）。それにしても、当時は射程が短いから、幕府はたくさんの台場を築こうとしたんでしょうね。

千　そう、これを見てください。一一基の台場の配置図と、

砲撃射程図（「品川台場絵図」）です。

春　おお！　見事に、砲撃の射線図が〝クロス〟しています。二つの方向から砲撃するのが効果的、という理論は、これまでに見てきた中世・近世の城で多用されてきたものですね。つまりは、「クロスファイア」（十字砲火）の理論（笑）。

千　一列目が突破されても、二列目から攻撃するという、粘り強い意図も浮かび上がります。

5

春　第六台場の石垣もよく見えます。角は美しい〝算木積み〟です。

千　しかも、江戸城本丸にも見られたように、石を積んだ後わざわざ削ってカーブを造っているようです。

春　やはり台場は、お城の名残りなのですね。とはいえ、あそこを算木積みにする意味は、あまりないと思うけど（笑）。

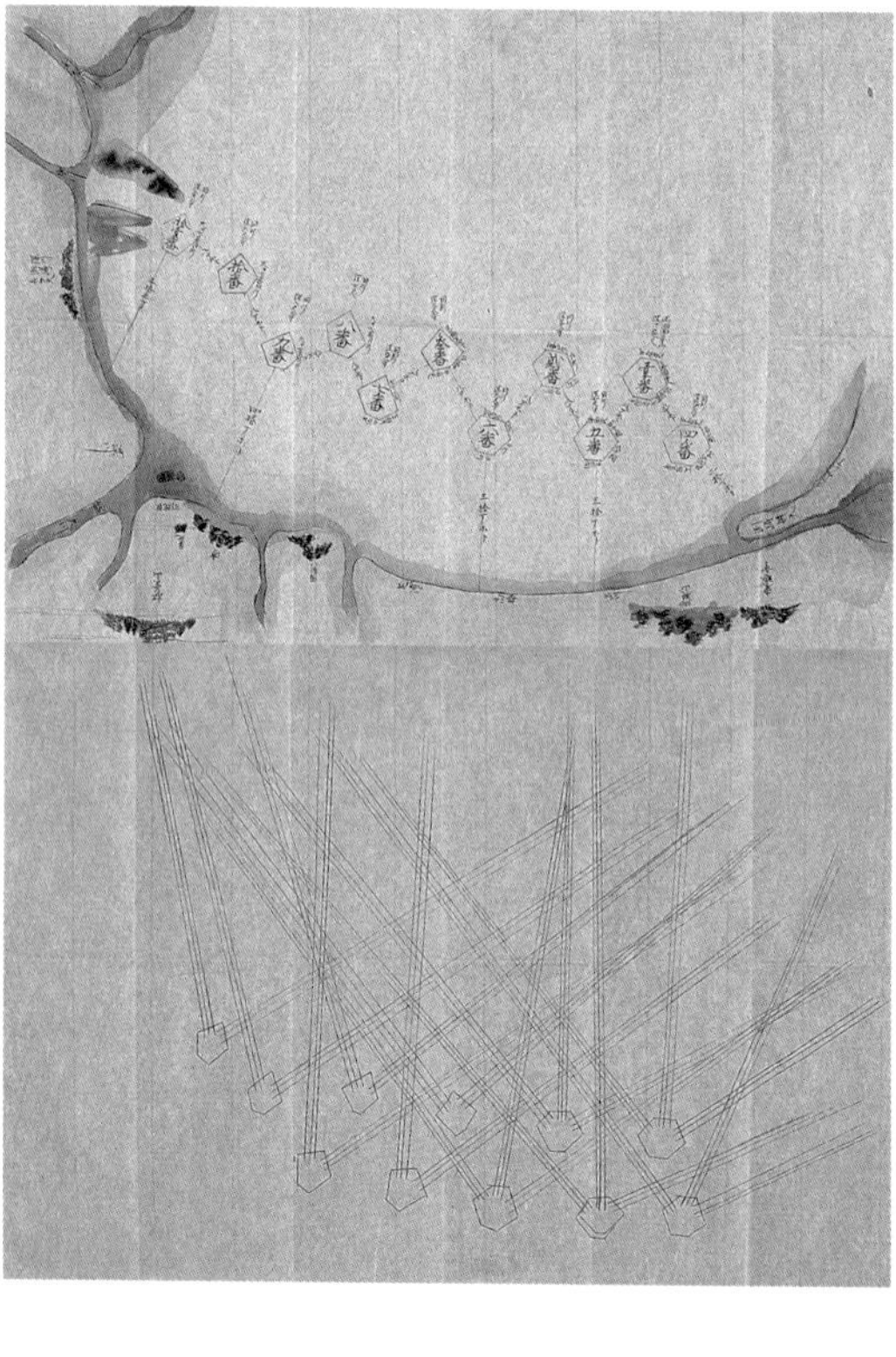

水野家文書「品川台場絵図」。1853（寛永6）年頃か。上方が南。（所蔵・東京都立大学図書館）

千　師匠のおっしゃる通り、台場は、日本のお城の最後を飾るものです。意味はないとわかっていても、「やはり石垣の角は〝算木積み〟だろう」と、必要以上に〝きれい〟に仕上げているところも泣かせます（笑）。あの石垣、遠目に見ると小さく見えますが、実際にはけっこう大きいんですよ。江戸城にあってもおかしくない。

❻ **千**　ちなみに、ここ第三台場の石垣の角は、お台場海浜公園側の入り口から見ることができます。

春　出た！〝刎《は》ね出《だ》し〟。

千　石垣の上に、平らな石を〝突き出して〟積んでいます。これ、わざとなんです。ねずみ返しのように、敵が石垣を越えてくることを阻止します。幕末期に多い造り方です。

春　でも台場の場合、誰が登ってくるんでしょう？

千　最悪の場合、外敵からボコボコに狙撃されたのち、乗りこまれるかもしれない、という危機感があったんでしょう。だから、上陸されないように対策が練られた。

春　それに、ここは船で江戸湾に入ると、一番初めに見えるところです。江戸城の門が立派だったように、〃来賓〃（笑）を意識して、美しく築いたんでしょうね。

帰り道……。

千　日本全国に台場はたくさんありますが、厚い土塁一つとっても、やはり品川台場は立派です。他はもっと小さいですから。

春　藩単位で造るのと、江戸幕府の単位で造るのとでは、わけが違いますね。

千　危機感を持って造っているんですね。「江戸城」で申したように、泰平な時代で危機感が薄れるも、幕末になって「外敵」を意識せざるを得なくなり、お金もないのに、涙目になって造っていますから（笑）。とはいえ、品川台場のおかげで、江戸湾の奥まで黒船が入ってこられず、艦砲射撃の雨あられを防ぐことができたと言われています。完璧な仕事をしたといえるでしょう。ただし、結局守っているのは、港湾だけです。江戸という都市全体を守れているわけではありません。

春　江戸の入り口だけはなんとか塞いで、「とにかく、来ないでくれる

かなあ」と（笑）。造成の際は、外国の教えを受けたんでしょうか。

千　江戸の後期から、こっそりオランダの兵学書が入ってきて、ある程度の知識はあったようです。ちなみに同時代のヨーロッパでも、海岸沿いの要塞や砲台はたくさん造られています。そもそも都市自体が稜《りょう》堡《ほ》式《しき》（星形）の要塞で守られていたんです。しかも、要塞の射程内にさえ近づかせないよう、外側にさらに砦を造ります。つまり、三重、四重で守っていたわけです。箱館の五稜郭も、幕末当時から、フランスのお雇い軍人に「あれではだめだ」と囁かれていました。二重三重と要塞を造らなければ、箱館という都市は守れません。だから五稜郭に艦砲射撃が容易に届いてしまい、幕府は負けてしまったんです。

春　「射程が延びる」というのは、すごいことですね。槍の時代から、弓矢や鉄砲の時代に変わると、急に日本のお城の〝堀幅〟が広くなりました。それと同じように、大砲の射程が長くなると、都市全体に、二重三重のバリアを張らなければならなくなる。現代は〝ミサイルの時代〟ですから、果たしてどう都市を守ればいいものか（笑）。

千　師匠のおっしゃるように、品川台場のような立派な要塞を築造しても、それを活かすも殺すも、結局は「大砲の射程の長さ」や、「命中率」で勝敗が決まってしまいます。

春　「武器の性能」の時代に入ってくると、「お城の性能」うんぬんが否定されますね。「台場」をもって、日本の「城の時代」が、終わりを告げたのですね。

おわりに

春　全部で二二の城を歩いてきましたが、やっぱり関東は大規模な土造りの城が多いですね！　しかも現在では多くの城で整備が進んでいるので、歩きやすいし、見どころもよくわかります。

千　ええ、私たちが城歩きを始めた頃なんて、山城は藪に覆われていて、草木をかき分けながら城を探索したものです。ところで師匠は、いつ頃から城歩きを始めたのですか？

春　僕が城と出会ったのは中学生のとき。地元の静岡県に江尻《えじり》城という中世城郭があって、市街地化されて遺構はまったく残ってないのですが、大手町や二の丸町という地名だけは残っていました。それを知って、「かつてここに城があったのか〜」とワクワクしたのが始まりですね。その後、同じく静岡県の庵原山《いはらやま》城という小さな山城へ行き、そこに残されていた堀切りに強い衝撃を受けました。今でも城歩きを続けているのは、庵原山城の衝撃が大きかったからじゃないかな。千田先生の城との出会いはいつですか？

千　私も中学生のとき。同級生との瀬戸内海への旅行の途中で、姫路駅で新幹線を乗り換えたので

（撮影・松井　朗）

す。そのときに新幹線のホームから見た天守の姿に心を奪われてしまい……。でも旅程の途中だったので、そのときは姫路城に行くことはできませんでした。その後、新聞で「東海古城研究会」の存在を知ってすぐに入会。そのメンバーの方々に、多くの城跡に連れて行ってもらいました。メンバーと言っても、周りは五・六十歳以上の男性ばかり！　その中で孫のような年齢の私が一生懸命に山城に登り、熱心に質問するものですから、ずいぶんかわいがってもらいましたね。

春　当時の山城めぐりは今と違ってたいへんでしたよね。ネットがないから図書館で調べるんだけど、ほとんど情報が出てこない。縄張り図が手に入ったとしても大ざっぱなものばかりで。そしていざ山城に行っても、一面草ボウボウで……。苦労の連続でした。

千　その点、現在はネットで情報が集められますし、ＳＮＳなどを通じて、山城好きや、いっしょに山城を訪れる同好の士を見つけることも簡単になりました。

春　山城や土造りの城に対する自治体の意識も変わりました。歩きやすいように整備が進められていますし、案内板や説明板も立てられています。整備に携わっていらっしゃる各自治体の方々やボランティアの方々には感謝しないといけません。ホント、今の城ファンは幸せだと思います！

千　近年では、本書をはじめ図面を掲載した書籍も多く

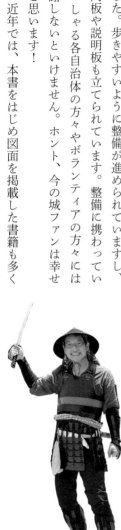

刊行されています。情報を得るという点では、ひと昔前と隔世の感がありますね。

春　そして城歩きが面白いのは、いくら情報を集めてもダメで、やっぱり現場に立たないと理解できないということ！　教科書で習った日本史というのは、あくまで文章のなかの歴史であって、実感することはできないですよね。だけど城は、数百年前の戦国武将と同じ場所に立つことができて、歴史をそのまま体験することができる。北条氏康が歩いていた場所を同じように歩けるのが、お城の醍醐味だと思います。

千　今は刀剣ブームでもありますけど、博物館に刀剣を鑑賞しに行っても、ガラス越しに眺めるだけで、実際に手に取ることはできないですもんね。だけど城跡はそこを訪ねることができて、リアルに体験しながら理解することができます。それってすごいことですよね。

春　それに城を訪れれば、訪れた人だけの解釈があります。どんどんイマジネーションが膨らんでいく。この本は、そのように楽しみが増えていくきっかけになる一冊だと思います。

千　はい！　本書は師匠や千田が城に行って、「こんなところを見ていた」「こんなことを考えていた」ということが手に取るようにわかり、城を歩きながら現地に残る凸凹《でこぼこ》の読み解き方を提示した楽しい書籍になりました。この本をきっかけに城を訪れ、体感していただける人がひとりでも増えると嬉しいです！　そして、出版の実現にご尽力くださったＰＨＰエディターズ・グループの日岡和美さん、かみゆ歴史編集部の滝沢弘康さん、小関裕香子さんに、心から感謝したいと思います。

さて昇太師匠、これで「おわりに」もできましたので、次の城に出かけましょう！